© 2018 Buzz Editora

Publisher ANDERSON CAVALCANTE
Editora SIMONE PAULINO
Assistente editorial SHEYLA SMANIOTO
Projeto gráfico ESTÚDIO GRIFO
Assistentes de design LAIS IKOMA, STEPHANIE Y. SHU
Revisão ELISA MENEZES, JORGE RIBEIRO
Revisão técnica ANA VICENTINI DE AZEVEDO,
ELIZABETH CANCELLI

Dados Internacionais de Catalogação na Publicação (CIP)
(Câmara Brasileira do Livro, SP, Brasil)

Pigozzi, Laura
Meu filho me adora: filhos reféns e pais perfeitos / Laura Pigozzi;
tradução: Claudia Souza.
São Paulo: Buzz Editora, 2018.
216 pp.

Título original: *Mio figlio mi adora*
Bibliografia.
ISBN 978-85-93156-48-9

1. Família – aspectos psicológicos 2. Pais e filhos – aspectos
psicológicos 3. Relações interpessoais I. Título.

18-13505   CDD-158.24

Índices para catálogo sistemático:
1. Filhos e pais: Relações familiares: Psicologia aplicada 158.24
2. Pais e filhos: Relações familiares: Psicologia aplicada 158.24

Todos os direitos reservados à:
Buzz Editora Ltda.
Av. Paulista, 726 – mezanino
CEP: 01310-100 São Paulo, SP

[55 11] 4171 2317
[55 11] 4171 2318
contato@buzzeditora.com.br
www.buzzeditora.com.br

MEU FILHO ME ADORA

FILHOS REFÉNS E PAIS PERFEITOS

LAURA PICOZZI

*Escrevi este livro para os jovens –
inclusive os "meus" – que têm a necessidade
biológica, psíquica e ética de sobreviver ao
amor exagerado dos pais.*

"A emancipação da autoridade de pai e mãe, da parte do indivíduo que cresce, é uma das conquistas mais necessárias, mas também mais dolorosas, do desenvolvimento. É absolutamente primordial que tal emancipação ocorra (...) Aliás, o progresso da sociedade baseia-se nessa oposição entre gerações sucessivas".

SIGMUND FREUD

"Os homens nasceram para começar".

HANNAH ARENDT

"O mundo existe apenas graças à respiração das crianças nas escolas".

YOREH DEAH

"Só duas coisas os pais podem doar aos filhos: raízes e asas".

PROVÉRBIO DE QUÉBEC

"O verdadeiro *luogo natio* é aquele onde se lançou um olhar consciente sobre si mesmo: a minha primeira pátria foram os livros".

MARGUERITE YOURCENAR

"Deveríamos ler apenas livros que mordem, pungem. Se o livro que lemos não nos faz despertar como um murro no crânio, para que serve lê-lo?"

FRANZ KAFKA

INTRODUÇÃO: A FAMÍLIA COMO PACTO CULTURAL

A família é o lugar da transmissão, é onde se comunica um estilo, onde as narrações são escutadas, onde os valores são compartilhados. Nos contos familiares existem palavras que marcaram a nossa origem, que nos acolheram quando nascemos e que nos seguiram – às vezes perseguiram – até a idade adulta:

> Desde a origem, a criança nutre-se tanto de palavras quanto de pão, e palavras podem fazer mal. Como diz o Evangelho, o mal não é só o que entra na boca do homem, mas também o que sai dela [1]

A família é o lugar onde a palavra engendra seres humanos, no bem e no mal. Os pais têm uma tarefa de grande envergadura que é transferir, passar de geração a geração, oferecer: o que nos faz pais e mães não é o sangue, mas a palavra. O fundamento do conceito de família não é a geração biológica: a família é uma interrupção do natural. Para Claude Lévi-Strauss, ela é centrada na aliança muito mais que na descendência [2] e a etimologia de família não contempla de nenhum modo a ideia de procriação, porque "família" – do latim familia, que deriva de *famulus, servidor, doméstico* – indica simplesmente o conjunto de indivíduos, mesmo não consanguíneos, que compartilham um nome e algumas regras.

A pater/maternidade é, sobretudo, metáfora de uma responsabilidade não amoldada estruturalmente na geração: são famílias também aquelas reconstituídas, com madrastas e padrastos, assim como aquelas com pais do mesmo sexo, em que existem adultos que ocupam uma função simbólica e de cuidado específica, sem que existam necessariamente laços biológicos com a prole. Toda transmissão, por quem quer que seja realizada, leva à civilização: a família, como quer que seja composta, encerra a tarefa de reconhecer um filho enquanto Sujeito do mundo.

No Homem, a Natureza já é Cultura: o filhote do homem está construindo significado desde o momento em que vocaliza; ainda no útero, não é mais filho da Natureza, mas da Cultura, de pensamentos que marcaram a espera de seu nascimento. Seu primeiro grunhido já é social [3]. O grito do recém-nascido é direcionado ao cuidador que acolhe seu apelo: sua boca emite um som para que alguém o atenda [4]. O humano nunca é puramente natural e até os dejetos são linguagem: o cocô da criança pequena ou o vômito da bulímica são um discurso específico, direcionado a quem o emissário deseja que o escute. A família, se quiser ser considerada humana, não pode se identificar com a ideologia do natural.

A família é fruto de um pacto. De fato, cada cultura exprime um modelo próprio de família, os antropólogos contam dezenas delas. Em muitos grupos humanos, pais e mães são múltiplos e equivalentes, sem que os pais biológicos tenham uma prevalência sobre os sociais. Ideia estranha para nós, tanto que a nossa cultura impôs a subtração dos filhos à cultura nativa australiana que praticava o pluralismo parental, subtração com finalidades políticas, claro, mas com a motivação culturalmente legitimada de que os aborígenes não dispunham de um adequado contexto familiar para educar a prole.

Nem o relacionamento mais biológico de todos, o laço mãe-filho, pode ser considerado o núcleo fundante da família: a maternidade, de fato, não é jamais, em nenhuma época e em nenhum grupo humano, a condição essencial da família [5]. Em qualquer civilização o laço biológico é submetido ao cultural: se os pais são considerados indignos em relação às regras de uma sociedade, os filhos são retirados deles e isso acontece até nos nossos ordenamentos. A família natural não existe, nem jamais existiu: a ideia mesma de família natural parece uma construção do pensamento, logo, é cultural. Para desmontar qualquer idealização da vocação natural da família bastaria refletir sobre a metáfora de Kafka em *A metamorfose* e lembrar as reações dos familiares à transformação do filho em barata, em um ser da Natureza. Depois da perplexidade inicial, da dor e de uma desajeitada tentativa de cuidado, a família retoma os próprios hábitos, enquanto a barata é rudemente enclausurada em seu quarto, a porta definitivamente lacrada. O animal é expulso com violência da família para que ela sobreviva.

A transmissão é sempre psíquica: é o estilo com que o genitor deixa, sem saber, um traço bom, um hálito de sublimação, o esboço de um talento. Não é o fato que venha do meu ventre que me permite transmitir alguma coisa ao meu filho, mas o fato de que, *não obstante* ele venha do meu ventre, pude acolhê-lo psiquicamente, estabeleci uma filiação cultural. Não é inútil sublinhar que, no plano social, é especificamente a hipervalorização do laço de sangue que se opõe ao reconhecimento das crianças filhas de estrangeiros.[1]

Exaltar a parentalidade biológica atrapalha o reconhecimento de um sentido cultural da família. As famílias não biológicas são

[1] Na Itália, o *ius soli*, direito que provém do solo em que se nasce, é reconhecimento simbólico, não de sangue: a esses filhos de estrangeiros que crescem nas nossas escolas, pensam segundo as formas da nossa cultura, estudam Dante e têm um imaginário similar ao dos nossos filhos, quando completam dezoito anos é dito que não são automaticamente italianos porque não o são por sangue, embora o sejam plenamente por cultura. Se querem tornar-se italianos para todos os efeitos devem requisitá-lo através de um complexo procedimento.

ainda pouco reconhecidas, como aquelas recompostas, onde acontece uma filiação unicamente psíquica da parte de um dos dois pais, a madrasta ou o padrasto, que com frequência se empenham incansavelmente no cuidado e no desenvolvimento de filhos não biologicamente deles. A tese da família natural, além disso, é cavalo de batalha de posições que não reconhecem as uniões homossexuais. A homossexualidade também, no mais, é uma construção cultural e não natural [6]. A ideia do biologismo como princípio-guia da paternidade/maternidade é, portanto, um obstáculo a qualquer filiação psíquica: os cuidados de uma madrasta ou de um padrasto, desse ponto de vista, não são diferentes dos de um homossexual com o filho do companheiro.

A MÃE VERDADEIRA E O MITO DA MATERNIDADE NATURAL

A "mãe verdadeira", na maior parte dos casos, é identificada com a mãe biológica. Lendo o episódio bíblico do Rei Salomão e da criança disputada entre duas mães, percebemos que não é bem assim. A situação é conhecida: Salomão deveria decidir quem era a verdadeira mãe entre duas mulheres que disputavam uma criança. Poderíamos ser levados a pensar, irrefletidamente, que Salomão tenha individuado a verdadeira mãe naquela biológica. A Bíblia, porém, é um livro cheio de paradoxos que nossos ouvidos conformistas não percebem: a sentença de Salomão suspende a verdade biológica; ao rei dos judeus interessa saber quem é a mãe que cuidará melhor do filho, aquela que – diríamos – não está interessada no próprio nascisismo materno. A lei de Salomão mostra que "a mãe verdadeira" é aquela que, recusando-se a traspassar com uma espada o filho, cortando-o pela metade, não o dilacera com a própria necessidade de desejá-lo a todo custo para si mesma. Por outro lado, o conto bíblico é absolutamente inequívoco ao dizer quem é a mãe má: "O filho desta mulher morreu durante a noite porque ela adormeceu sobre ele" (Primeiro Livro dos Reis 3, 16-28). A mãe que adormece em cima do filho, mesmo que apenas metaforicamente, mata-o. A mãe má é, no episódio bíblico, aquela que sufoca o filho, dormindo com ele. O *co-sleeping*, termo inglês que define a prática, hoje muito difundida, de dormir junto com as crianças, é considerado bom e natural porque os animais e muitos povos da terra [1] o fazem, mas suas péssimas consequências são relevantes [2]. As mães que defendem essa prática creem que dormir com o próprio filho seja a coisa mais natural do mundo, porque realiza o que criança e mãe *naturalmente* desejam. Mas não é dito de fato que o real da pulsão – nesse caso a tendência a (re)fusionar-se – seja o melhor que um ser humano possa manifestar para o próprio bem. O prazer fusional possui uma cota de pulsão de morte manifestada na presença de uma forma hipnótica que requer constante repetição [3]. O desejo mais profundo da criança é de possuir a mãe, mas nem por isso esse desejo deve ser satisfeito. O bem da criança não é o que ela pensa desejar, como bem sabem as mães em outras circunstâncias, por exemplo, quando a impedem de exagerar na Nutella: a estrutura psíquica mortífera em que se organiza um excesso de desejo pelo corpo da mãe e pelo abuso de Nutella é a mesma!

As mulheres que dormem com os filhos indicam onde desapareceu o desejo da mãe: este não é mais endereçado a um parceiro adulto e, com isso, não honra mais a *diferença*. Antes, vai em direção ao idêntico, em direção à criança imaginada como parte de si, em direção ao "inferno do Igual" [4]. O Outro [5] torna-se o estranho, o inimigo.

O *co-sleeping* é difícil de ser identificado como comportamento abusivo porque possui a auréola ideal da Natureza. Devemos estar atentos, ao utilizar a natureza como última justificativa; Natureza, com N maiúsculo, é sempre totalitária e, de fato, ela é exaltada em toda infâmia sobre raça: a ideia de Natureza é, por exemplo, o postulado fundante das teorias que forneceram a base cultural para a difusão da ideologia nazista [6]. Sade descreveu muito bem a perdição do homem ao querer imitar a Natureza: o eros furioso de Sade não representa a anarquia sexual do homem, a sua liberdade exaltada, a sua autonomia na escolha do mal. Ao contrário, a sua erótica é "natural" no sentido em que é obrigada a seguir a Natureza, a qual não é boa, mas predispõe a crimes sem fim [7]. Longe dos aspectos idílicos que caracterizam a ideia de natureza de muitos filósofos do século das Luzes, seus contemporâneos, a Natureza em Sade é, antes, violência e crueldade. O idílio do estado selvagem permanece uma ilusão e os humanóides – seres mais "naturais" que nós – tinham como regra o assassinato dos inimigos e o estupro das mulheres: esta é a Natureza antes do advento da Cultura. Cada vez que a Natureza se afasta da Cultura, inclusive nas nossas sociedades atuais, o homem de Neanderthal não nos parece mais um ancestral tão longínquo na linha do tempo.

À diferença da reflexão de Sade, profunda e potente, a nossa época não desenvolveu um discurso crítico sobre a Natureza: ou acredita nela sem pensar e a santifica sem argumentos fidedignos, ou a trata como um parque de diversões de manipulações comerciais, genéticas e ambientais. O sucesso das técnicas de fecundação assistida se apoia sobre o falso postulado, tornado forte preconceito, de que os pais biológicos sejam de série A. A performance da "paternidade natural" – um verdadeiro oxímoro – é reconhecida por um discurso social em que as competências afetivas e os recursos culturais aparecem desfocados e pouco valorizados. As experimentações genéticas talvez levem, no futuro, a escolher, talvez apenas fantasmaticamente – o que não significa sem repercussões culturais e psíquicas – um filho pré-fabricado com características e cores preferidas. Uma direção que mostra o quanto não se quer saber da imprevisibilidade do outro. O real do corpo, nosso e do outro, está ali, ao contrário, erigindo limites para as nossas fantasias manipulatórias. O real é, na reflexão de Jacques Lacan, o que desafia a teoria, o que está fora da presa do homem, o que opõe resistência às nossas investigações. O real não é ultrapassável, tem uma função de fronteira que nos confronta com a perda e o fracasso, isto é, com a condição comum humana e, com isto, lhe oferece espessura. Hoje, ao contrário, trata-se o real como uma academia imaginária de onipotência [8]. A ingenuidade culpabilizada pela ideia contemporânea de natureza faz passar o materno como destino *natural* de toda mulher, e assim também o conceito de *instinto materno*, que parecia ter sido superado, com certo alívio, nos anos setenta, mas que ressurgiu nos últimos tempos. O ser humano não é guiado pelo seguro instinto animal: temos o inconsciente, mais complexo e mais falível.

O inconsciente habita o corpo e é com o corpo-inconsciente que a mãe, antes dos outros, escuta a criança que chora no quarto ao lado, assim como é o corpo enquanto inconsciente que faz com que nos aproximemos sem um motivo aparente de algumas pessoas e que nos afastemos de outras. É ainda o corpo-inconsciente que sente o cheiro do outro, além do processo puramente glandular: de fato, pode acontecer que o mesmo homem que antes tinha "um perfume tão bom" passe a "feder horrivelmente". Essas são as palavras de Giovanna, uma mulher de trinta anos muito olfativa, no momento em que compreendeu não amar mais seu companheiro. A complexidade e as contradições do humano não estão envolvidas no discurso puramente biológico: "O fundamento orgânico não responde a nada mais que a uma necessidade de reasseguração [...] é um pouco como tocar ferro[2] [...] o postulado organicista é supersticioso" [9]. O *instinto* materno, portanto, não existe: melhor seria falar de um *sentimento* materno que se desenvolve nos cuidados com o filho, desde a gestação, mais que de um instinto anterior à criança.

A propósito da ligação Natureza-Cultura, talvez sejam úteis algumas considerações sobre a famosa afirmação de Freud: "A anatomia é destino" [10]. Enunciado que não pode ser lido literalmente – o que conta é o biológico – porque não é certamente essa a posição freudiana. Podemos, porém, interpretá-lo como uma constatação de que a anatomia é o limite dado ao homem: o homem é destinado à frustração por causa do confronto com o impossível que é o real.

Pode-se ler na afirmação freudiana um peso igual atribuído a ambos os significantes, *anatomia* e *destino*: destino é aquilo a que somos destinados, aquilo a que um Outro parental nos destinou com as suas palavras, com as suas fantasias nobres ou miseráveis. *Destino* é a palavra que destina. A anatomia não é autoconsistente, é cultura, discurso: a atualidade despreza os corpos que o Renascimento amava. Além disso, a imagem que tenho do meu corpo não tem nada de natural: posso não ser bela, mas, se nas palavras de meus pais existia

2 "bater na madeira".

a minha beleza, serei "subjetivamente bela" e, portanto, destinada a um destino "de bela"; poderei, por exemplo, mesmo inexplicavelmente, fazer com que alguém se apaixone por mim. Se, ao contrário, tenho traços somáticos belos, mas nas palavras parentais sou feia, terei um destino infeliz, pelo menos até quando um Outro [11] – um encontro feliz, um pensamento ou uma análise – traga uma retificação. Por outro lado, alguma coisa não funciona não apenas quando a natureza se desvincula da cultura, mas também quando a cultura se pensa superior à natureza, suspendendo aquele real que funciona como suporte honesto a todo discurso. O conceito de *gender*, mesmo tendo produzido novas e importantes reviravoltas culturais, parece muito indulgente na ideia de gênero como fruto de uma construção exclusivamente cultural, desvinculado da anatomia enquanto limite. Mesmo colocando, no início do seu discurso, a interdependência entre sexo (como conjunto de características anatômicas que definem macho e fêmea) e gênero (a representação cultural que define o próprio ser mulher ou homem) parece que, sucessivamente, o desenvolvimento teórico do conceito de *gender* tenha sido desequilibrado consideravelmente em direção ao dado cultural, até tornar quase irrelevante o natural [12]. A frase de Freud "a anatomia é destino" é sempre uma bússola, um ponto de ancoragem que torna significativo o nó que existe entre palavra e corpo.

Se este nó se desfaz, a ligação de sangue prevalece sobre o pacto de aliança, e vice-versa. No primeiro caso, estamos no âmbito da intransigência inflexível de Antígona, cuja lei de parentesco é tão intolerante quanto aquela do tirano Creonte que ela quer combater; ou então, estamos no fanatismo homicida de Medeia, do qual nos ocuparemos mais adiante [13]. No segundo caso, a aliança pura exige tributos impossíveis, como quando Deus pede a Abraão para imolar seu filho Isaac (Gênesis 22, 1-19): Deus lhe pede para honrar sua aliança acima de qualquer outro laço. Abraão aceita ser submetido à lei de Deus que ele mesmo impõe à sua estirpe: nisso se distingue do pai da horda que submete os outros à sua lei privada sem respeitá-la em primeira pessoa. O pai da horda não é um pai simbólico, mas é um pai-Natureza que não obedece a ninguém porque não reconhece ninguém como superior. Como sabemos, no último momento Deus segura a mão de Abraão e com isso restabelece o equilíbrio entre sangue e Lei. Aqui poder-se-ia colocar um quesito paradoxal: o que teria acontecido se, por hipótese, Deus tivesse pedido não ao pai, mas à mãe, Sara, para imolar o filho? Entre o laço de sangue e a Lei de Deus, Sara teria escolhido o primeiro. Não que uma mulher não reconheça a Lei, mas a segue mais facilmente quando acredita que esta esteja sob o signo do amor. Uma mulher é capaz – como Abraão – de amor absoluto, mas sob outra forma: não o amor pelo universal – signo sob o qual Abraão ama a Deus – mas o amor pelo particular, pelo singular. Sabemos o quanto uma mulher é capaz de pôr em cena veementes forças passionais: *l'amour fou* é um ponto de imensidão que encontramos com frequência nas vidas femininas, mas que se fixa em *um* ser particular [14]. Uma mulher rejeita o universal da Lei se esta não se declina na singularidade do gesto de amor. A imensidão é uma modalidade do feminino que pode tornar-se destrutiva quando se destaca da Lei [15], que é, ao contrário, a condição que permite ao laço de sangue não se tornar devastador.

A
FAMÍLIA
CLAUSTROFÍLICA

As famílias são múltiplas e, aparentemente, não existe mais uma ideia única de família. Mesmo assim, a uma tal variedade – famílias tradicionais, alargadas, reconstituídas, homossexuais – não corresponde um modelo de convivência igualmente múltiplo. As famílias atuais, qualquer que seja sua composição, tendem todas a desenvolver um relacionamento com a prole historicamente inédito: um laço claustrofílico [1], no qual o que é valorizado é o ninho fechado. A família funciona, hoje, como o lugar em que os membros pensam encontrar tudo aquilo de que necessitam: trocas, afeto, amor, sustento, confidências, companhia, educação, viagens, lazer. Uma família *all inclusive*, que oferece possibilidades antes somente externas a si mesma, quase em oposição ao familiar, como a amizade, o grupo, os rituais coletivos, a realização pessoal, o amor: o mundo parece ter sido sugado ao seu interior. E assim o horizonte de todos se restringe.

Surpreende o fato de que o nascimento de novas famílias seja fundado em uma forte necessidade de normalidade: o vírus do núcleo convencional e normopático insinua-se em todo tipo de família, seja ela homossexual ou reconstituída. Singular, autossuficiente, hiper-"normal", umbilical e claustrofílica: assim se apresenta a estrutura familiar hoje. As famílias monoparentais, especialmente, compostas de um pai ou mãe separado/a ou viúvo/a e seus filhos, parecem revelar o modelo secreto de todas: o seu ser fundado na díade mãe-recém-nascido. Uma família, a família contemporânea que, como quer que seja constituída, goza no Um [2].

Nessa clausura alegre, tudo, inclusive divertir-se, se faz lado a lado. Os membros saem juntos, vão a restaurantes, tiram férias juntos, mesmo quando os jovens já tivessem idade para tirá-las, mais apropriadamente, sozinhos. Um exemplo: algumas associações de voluntariado promovem jornadas culturais ou de ajuda a populações necessitadas, a baixo custo, destinadas aos jovens acima de quatorze anos; uma experiência que permite aos adolescentes arranjarem-se sozinhos fazendo alguma coisa socialmente relevante. Ora, algumas dessas organizações – tendo em vista a queda das adesões devido à dificuldade dos jovens em se desprender da família, mesmo que por pouco tempo – propuseram essas mesmas viagens... com os pais! [3]. Para muitos jovens, a viagem com companheiros da mesma idade, não ainda formados, constituía a primeira verdadeira aventura, a grande ocasião, o caminho de iniciação que, se feito com a família, isto é, com o já conhecido, perde essas preciosas características.

Em família, hoje, conta-se tudo, cada coisa é compartilhada como se existisse uma substancial paridade entre os componentes. Uma igualdade que não prevê reservas e, às vezes, nem portas fechadas – até um banheiro ocupado pode continuar acessível aos familiares – em uma falta de distinção entre os membros individuais, com consequências fragmentárias para o sujeito. Um modelo familiar invasivo e tóxico que produz uma verdadeira dependência nos filhos em relação aos pais, mas também vice-versa: em todos os gozos do Um funciona certa atração para um comportamento em espiral, que engole. No gozo do Um – que nasce no psiquismo primeiramente como gozo do corpo da mãe – existe sempre em ação uma forma de pulsão de morte. A seguir, ao corpo da mãe, principalmente se este foi efetivamente e perversamente [4] desfrutado (por xemplo, através da prática do *co-sleeping*), são substituídos, em uma repetição nostálgica, outros objetos: além da comida, das drogas, do sexo compulsivo, do jogo, hoje se é agregado o computador. Notamos que a droga virtual de um tempo excessivo passado na internet não recebe uma objeção radical porque a ligação ao cordão umbilical do notebook mantém os filhos sob controle, pois se encontram, assim, capturados em uma rede dupla. O mecanismo de gozo é o mesmo para toda uma série metonímica de substitutos: o objeto do desejo, que está no campo do Outro, decai em objeto de gozo do idêntico. É através da fruição metafórica do corpo uterino que as famílias assumem aquele traço *unívoco* [5] que faz preferir a proteção do já conhecido à invenção e ao risco: mas a casa própria deveria ser encontrada só depois de ter girado o mundo, não deveria ser aquela que deixamos [6].

As famílias inclusivas perdem e fazem perder o mundo como horizonte: tornam-se bárbaras. Uma família organizada assim é antissocial, não educa para que haja laço com o Outro, que é defensivamente sentido como estrangeiro, alienígena, não idêntico, perigoso, ao invés de ser uma ocasião de treinamento à diferença. Trata-se de um modelo familiar fundado na afetividade imediata, mais que na ética, no útero, mais que no mundo, no laço biológico a mais que no social. Um estilo familiar que gera hábitos e dependência, mais que amor, e que nem mesmo forma para a vida, já que as relações, o trabalho e a sensibilidade criativa requerem a capacidade de haver-se com dissonâncias e negociações.

Nas famílias claustrofílicas, os membros mostram certa viscosidade adesiva que, em vez de ser reconhecida como sintoma, torna-se modelo de união e de amor: o sentir coletivo incentiva a "segurança" simbiótica, em vez de reconhecer que as instâncias evolutivas do sujeito não podem ser ativadas a não ser por um ato de separação. O desejo não pode nascer na dependência, porque ele implica a dimensão exogâmica [7].

Com sua falta de estímulo à alteridade, a família contemporânea parece em *deficit* de ética. O Outro passa a ser digerível só se levado para dentro, tornado idêntico ao familiar: é um irredutível perigoso que se torna doméstico. O enigma que cada Outro é resulta incômodo. O exogâmico é tratado e depurado por meio de uma devoração cruenta: por assimilação. Os amigos dos filhos e os seus namorados, bem como os amigos dos pais – que acabam virando também amigos dos filhos em uma confusão geracional –, todos devem ser colocados em comum, tornados familiares como espelhos que refletem exclusivamente as semelhanças.

Para os nossos jovens, a sexualidade é, ainda, um estímulo pulsional que oferece energia para explorar o "de fora", para separar-se dos pais? A puberdade, com a descoberta da pulsão sexual, é o momento em que o corpo do filho se subtrai à presa do familiar, o momento em que, de um corpo protegido e submetido aos cuidados da mãe, torna-se corpo subjetivo: essa passagem ainda existe? E quando se produz, podemos dizer que seja uma verdadeira passagem de subjetividade, na medida em que os filhos tendem hoje a contar-nos *tudo*, inclusive suas experiências mais íntimas? Fui interpelada um dia por um pai que queria que eu visse sua filha, cuja primeira experiência sexual teria sido, como ele dizia, pouco satisfatória (!): como poderia o pai saber de uma coisa tão íntima? Além disso, quem na vida se satisfez com os próprios relacionamentos sexuais aos dezesseis anos, com toda a inexperiência ansiosa da idade? A novidade inquietante é que, quando nós pais somos envolvidos nesse tipo de confidência, achamos a coisa positiva e nos parabenizamos pelo clima de confiança e de liberdade que conseguimos instaurar. Há quem chegue a emprestar a própria cama aos filhos e seus companheiros, com a ideia de que é mais seguro permitir isso do que deixá-los "fazer" sabe-se lá onde. Desse modo, porém, obliteram-se as consequências psíquicas do nosso ato, que elimina a dimensão de risco que todo crescimento comporta. Quando lhes oferecemos a nossa cama, perdemos e fazemos perder o direito à intimidade: uma cama compartilhada com os pais não é apenas uma metáfora de algo que não deveria ser compartilhado, mas existe ali um real, uma materialidade de odores e humores – ou sensações impalpáveis daqueles traços – que uma mudança rápida de lençóis certamente não volatiza. Os filhos ficam, assim, submetidos ao nosso olhar de pais até naquilo que deveria ser o ato mais íntimo e privado, e que requer também uma exogamia absoluta e necessária: o parceiro, desde o início da civilização, é escolhido fora do clã familiar [8]. Portanto, cada ato que torna o estrangeiro "familiar demais", que não celebra sua diferença, infringe aquela regra humana – instituída porque humanizadora – que estabelece a união fora do clã e que é colocada no início de toda sociedade, na passagem crucial entre Natureza e Cultura. Isto, juntamente ao mesmo ato que diz *não* ao gozo incestuoso: a castração de tal gozo sustenta o desejo pelo Outro. "O desejo pela mãe não pode ser satisfeito porque seria o fim, o término, a abolição de todo o universo da demanda, que é o que estrutura mais profundamente o inconsciente do Homem" [9]. Se o homem é satisfeito demais, não deseja; se não deseja, não demanda, se não demanda é como se vivesse como um autômato, sem pensamento e sem inconsciente.

A cena contemporânea nos faz assistir com frequência a uma espetacularização sem precedentes do ser pais e mães que, de tarefa, tornou-se *status*; de trabalho, exibição [10]. A parentalidade atual vai além da questão do narcisismo singular e investe a dimensão da cultura e da civilização. O espetáculo substituiu a vida, seja para os atores – os pais performáticos – seja para os demais, chamados a observar a apresentação da imaginária felicidade familiar.

O movimento psíquico debaixo da formação de uma família parece, hoje, ditado pela vontade de assegurar-se para sempre o afeto de alguém; da necessidade emocional de ter filhos como posse e sustentação da fragilidade dos adultos. O filho adquiriu mais importância que o projeto com o outro: a ênfase não é mais o casal que, de fato, é um acidente escorregadio. Os pais deixam muito cedo de sentir-se em dois e não raramente preferem o filho ao parceiro, pois aquele daria maiores garantias afetivas: "Meu marido pode me deixar", diz uma mulher jovem, "meu filho, nunca!". A confusão emocional contida nessa declaração – escutada durante uma sessão, mas paradigmática de um sentimento difuso em toda uma geração de mulheres – mostra a falsa equivalência entre o amor por um parceiro e aquele por um filho, porque se trata de um amor pensado, em ambos os casos, unicamente sob a lente de uma garantia para si mesmo. Que hipoteca desastrosa está colocando essa mulher nos ombros de sua criança?

Ser pai tornou-se uma definição de si: a gente escuta dizer "sou uma mãe", "sou um pai"; manifestações de mães são cada vez mais frequentes para toda sorte de direito, não necessariamente ligados à maternidade. Não é raro que em circunstâncias públicas uma mulher, antes de expressar a própria opinião sobre um fato político ou de costume, qualifique assim a si mesma: "Como mãe, digo isso...". O fato de ser mãe, que competência específica lhe oferece? [11]

O código fundado na garantia afetiva transforma o dispositivo simbólico da filiação no direito à criança como objeto desejado pelos pais [12]. O casal homossexual que quer filhos – em uma curiosa demanda de normalização – solicita esse direito sem que exista, mesmo em nível cultural, uma interrogação suficiente sobre os possíveis fantasmas que habitarão os filhos, quando estiverem na idade de fazer filhos e refletir sobre as próprias origens. Por mais que se possa ser culturalmente de acordo com essas demandas, é necessário um pouco de consciência sobre os fantasmas inconscientes da origem [13] que residem em todo sujeito, e que provavelmente ocuparão o filho de um casal homossexual com maior complexidade. Essas crianças deverão provavelmente desenvolver estratégias psíquicas inéditas para encontrar solução à questão da própria origem. Em nível parental, não é raro assistir ao nascimento de fantasias inconscientes de partenogênese na mulher grávida do casal de lésbicas, onde o masculino não existe ou é representado por um semen invisível. Já o casal homossexual masculino deve haver-se com a questão da onipotência (poder reproduzir-se sem relacionar-se com uma mulher) que tem como corolário social a penosa situação que se instaura, quando não se recorre à adoção, mas à exploração, para um projeto parental privado, dos ventres das mulheres de países do Terceiro Mundo ou das que o consentem em nossos próprios países [14].

Em fevereiro de 2016, aconteceu em Paris um importante congresso mundial de intelectuais, feministas e lésbicas contra essa forma de neocolonialismo particularmente odiosa – que tem sido utilizada por todo tipo de família, não só por famílias homossexuais masculinas – porque explora o corpo das mulheres reduzindo-as a mães/trabalhadoras/fazedoras, em um complexo jogo genético, econômico e legal que tem como finalidade satisfazer uma imperiosa *necessidade* de criança, em vez de um mais comprometido e simbólico *desejo* de filiação. No fechamento do encontro parisiense, foi promulgada e assinada uma *Carta pela Abolição Universal da Maternidade de Aluguel* que já circula em vários países para recolher adesões – mesmo que o trabalho maior deva ser feito na fonte, nos países em que as mulheres são obrigadas a oferecer tal "serviço", como aconteceu na Tailândia onde, em 2015, foi votada uma lei para proibir as mulheres de colocar o próprio útero à disposição.

Sobre a questão levantada por alguns, relativa à liberdade das mulheres de oferecer o próprio útero gratuitamente, poder-se-ia revelar como o âmbito de contratação da relação produtiva/reprodutiva constitui um mercado em que existe uma ampla diferença de poder entre as partes contratantes, configurando assim um dispositivo que, de norma, deveria tutelar o "trabalhador" mais fraco, ao menos nos nossos trâmites. A lógica do dom e do voluntariado aparece, nos casos de assimetria econômica, por demais duvidosa e de difícil verificação.

A liberdade da mulher de doar o próprio útero coloca em campo o princípio sagrado da autodeterminação, salvo que esta posição remete às querelas de algumas décadas atrás sobre a autodeterminação da prostituta na gestão do próprio corpo: princípio indiscutível sobre o qual, na prática, porém, precisou-se fazer as contas – como no eventual caso de doação do útero – com máfias poderosas espalhadas capilarmente, sempre ativas, onde demanda e oferta estão em crescimento ao ponto de criar um mercado extremamente lucrativo.

A prática da maternidade de aluguel é um exemplo de como um limite do real pode ser desdobrado em torno das mais elementares questões éticas. Os defensores dessa prática sustentam que alugar um útero seja pouco diferente de doar um rim, como se esses órgãos fossem indiferenciados no plano psíquico. Toda mulher sabe que o útero não é um órgão como outro qualquer, podemos senti-lo através da propriocepção – no sentido de lugar de sensações internas –, afetivamente, como um órgão hiperinvestido e isso independentemente de sermos ou não mães. O útero representa uma abertura ao novo, indica sempre a possibilidade em nível fantasmático até quando a sua função é terminada, é um lugar íntimo e profundo, um ponto de identificação e de encontro entre o feminino [15] e a maternidade, assim como é o seio. O relacionamento que cada mulher possui com o próprio útero é psiquicamente profundo.

Uma última consideração sobre esse tema tem a ver com a voz da mãe, a voz do pai e as vozes do mundo que o feto ouve através daquele telefone sem fio que é a coluna vertebral da mãe, o que faz do útero primeiro berço da criança, um berço sonoro. Através dessas vozes, reconhecidas depois em *après-coup*, isto é, posteriormente, cada recém-nascido se encontra já inscrito em um grupo linguístico e cultural bem definido (consideração que vale com maior peso para todas as sociedades de língua tonal, que cobrem quase toda a totalidade das línguas presentes na Indochina, China e África subsaariana). O que acontece nas situações em que a criança é precocemente privada dessa primeira inscrição simbólica – desse tipo de certidão de nascimento sonora da qual, na prática de aluguel do útero, não saberá mais nada – é um tema que não se teve ainda modo de indagar. Sabemos, porém, que a língua é estruturante inclusive em seus aspectos melódicos e não apenas no que se refere ao significado [16].

Aquilo a que se deve, de todo modo, prestar atenção é que na demanda de ter uma criança não exista um deslizamento da posição da criança de sujeito de direito, isto é, de tutela, a objeto de direito, isto é, objeto narcísico de sustentação ao adulto, e isso vale para qualquer pai ou mãe, hetero ou gay. A passagem de sujeito a objeto é um dos traços característicos da perversão. As novas gerações crescem em famílias em que a necessidade imediata de afeto substitui o empenho de educar para a autonomia. Raramente se ensina a sustentar um projeto original, ou a alegria pela própria diferença. O código em que estamos imersos abre as comportas à imediatez da satisfação que impele a querer uma família. Quem não tem filhos se vê questionado: "mas por quê?", enquanto quem os quis a todo custo com bombardeios hormonais, viagens da esperança, manipulações intrusivas do corpo e uma parte da vida gasta obsessivamente nessa pesquisa, não deve explicar "por que" se enfiou numa máquina tão alienante.

Escutei no rádio um escritor e um jornalista – ambos famosos – sustentarem que todo filho nasce órfão e, ao nascer, escolhe os pais! Algumas correntes espiritualistas *new age* dizem a seus adeptos que as almas das crianças estão no céu, olhando para baixo para escolher os casais por meio dos quais virão ao mundo. A ênfase simulada no filho que escolhe não deve nos enganar: não é ele o centro aqui! Essa imagem, antes, enfoca os pais "merecidamente" escolhidos. O narcisismo parental é sempre mais evidente também no cotidiano: como no caso das crianças deixadas com pouca convicção em casa com avós, babás ou tias – adultos que ofereceriam outro modelo de cuidado, coisa preciosa para os pequenos porque os adestra à diversidade de estilo, a um toque diferente de mãos, a um outro tom de voz, a novas canções, a brincadeiras ainda não experimentadas. Os pais, ao contrário, preferem carregá-los sempre consigo, dos concertos aos restaurantes, impondo sua presença nos jantares com amigos, exibindo-os aos demais adultos presentes como produtos miraculosos nos quais espelhar-se, a gente que talvez não tenha ainda abandonado os prazeres que os encontros e a conversa entre adultos podem oferecer. Os casais com filhos batalham para conseguir uma ou duas noites por semana para si e, quando finalmente o fazem, pode ser tarde demais: desaprenderam a dialogar como um casal. "Parentalidade" é a nova palavra-amuleto que, porém, não parece rimar com responsabilidade, mas antes com propriedade. Ser responsáveis por outro ser não é servir-se dele: o outro não pode ser um objeto que nos cura, nos salva, nos dá uma vida fácil e nos reassegura. "Meu filho", disse na linguagem comum – mas o filho não é dos pais, é tarefa deles tornar possível que o filho se emancipe de si. A locução "meu filho" deveria indicar mais simbolicamente "aquele que provém de mim", aquele que está na minha linha de transmissão, cuja emancipação e futura capacidade de geração são responsabilidades minhas. A tarefa dos pais é extrair a hipoteca dos filhos, ou melhor, é nem sequer colocá-la sobre eles. A ideia mesma que um filho seja uma posse é o que coloca obstáculos nas difíceis relações entre pais separados. Recordemos o pedido paradoxal de Deus a Abraão: pedindo a ele para imolar seu filho Isaac – dom de Deus a um casal que não podia ter filhos – recordava-lhe que um filho não é uma posse dos pais, mas um dom que vem do Outro. Se um filho é um bem, não é o "próprio" bem. Apropriando-se de um bem, com frequência os homens compõem o cenário para o inferno.

INCLUSO COMO UM INSETO NO ÂMBAR

"O mundo só existe graças à respiração das crianças nas escolas", diz um ditado judeu, cuja imagem chave é *nas escolas*, isto é, no social das crianças [1]. A respiração das crianças são as suas descobertas, invenções, aquisições: coisas de que nós pais nos orgulhamos, mesmo não estando sempre dispostos a considerar que não é *para nós* que elas "respiram". A respiração da criança é para o mundo. Imaginamos que devemos protegê-la *do* mundo, enquanto ela já está aprendendo aquele mundo que *ela* – não nós – habitará, aquele que *ela* – não nós – deverá modificar, mesmo com sua simples presença. Enquanto nós queremos esquecer esse mundo, mantê-lo do lado de fora da porta, esse mundo que tememos por ela – mas que não temíamos de fato por nós mesmos.

Não é só por causa do degrado de seu funcionamento que hoje a família não reconhece mais a escola como outra agência educativa: a realidade mais secreta é que a sente como competidora, como um incômodo limite ao familiar. Os pais não gostam de se relacionar com um contexto que não seja uma cópia fiel dos próprios valores internos. Pede-se à escola inclusive para evitar as tarefas de fim de semana e, em apoio a essa demanda, os seguidores tiram da gaveta uma circular ministerial de 1969, felizmente tornada inaplicável [2]: evitar as tarefas de casa seria validar a injustiça social que favorece os alunos provenientes de famílias mais cultas, que se benificiariam de um treinamento cotidiano a uma língua mais correta e de conceitos mais complexos. O sentido dessa pretensão parece ser que, nos feriados, os pais querem aproveitar a convivência com as crianças sem interferências escolares. As tarefas podem significar que nem para os pais é feriado, desde que assumam uma atitude de ajuda e acompanhamento contínuos. Deixando as crianças sozinhas com suas tarefas, temem-se as notas baixas – as quais, aliás, nunca mataram ninguém – enquanto as privamos do exercício da autonomia e da responsabilidade, com danos muito maiores.

Para evitar o confronto com outros educadores, vistos como concorrentes dos quais desconfiar, existe até quem prefira fazer a escola em casa, o *homeschooling*, com os pais como professores. Não se trata mais apenas de uma excentricidade de algumas famílias americanas que vivem longe dos centros habitados, mas está virando um *status* apressadamente reconhecido até por governos de países em que não há dificuldades de deslocamento devido às grandes dimensões.[3] Na Groenlândia, ao contrário, onde existe o problema das grandes

---

3 É legal inclusive na Itália: basta fazer uma prova final na escola pública, e é possível até a terceira série da Escola Média (N. da trad. na Itália o regime escolar obrigatório é dividido entre escola Materna (3-6 anos), Elementare (6-10), e Media (11-13). A escola Superiore (13-18 anos), bem como a creche – 0-2, são opcionais.).

distâncias, é ilegal; a escola em casa é proibida também na Suécia, que a vetou em junho de 2010 [3]: talvez porque esses países já conheçam as consequências psíquicas do isolamento. Uma variação do *homeschooling ainda* mais problemática é o *un-schooling*, a não escola, escolhida por pais que não querem impor à criança um programa, mas se deixam guiar por seus interesses (!). Como pode acontecer a formação de uma criança confinada em um *claustrum* gerido por pais *full time*? Qual treinamento ao saber pode oferecer uma escola uterinizada? Como se diz na África, para fazer um homem é preciso uma tribo inteira, é preciso laços de aliança além daqueles de sangue; cultura mais que natureza. A rede do coletivo funciona como margem ao desalento que todo ser humano experimenta diante das interrogações sobre a vida, a morte, a sexuação. Para isso a família é insuficiente. A escola, o social do jovem, é o ambiente em que ele não só se forma, mas através do qual pode salvar-se.

O filme *As vantagens de ser invisível* [4] – conta a história de um adolescente introvertido que sofre de alucinações desde a época do acidente mortal da sua amada tia, irmã de sua mãe. Os dois garotos mais populares da escola, irmãos adotivos solidários, colocam-no debaixo da asa, afeiçoando-se sinceramente a ele e apreciando sua inteligência e peculiaridade. Um professor também nota seu talento e inicia-o na literatura, gerando nele o desejo de tornar-se escritor: a escola pode oferecer encontros que acendem uma paixão e uma luz. Significativamente, a maior descoberta íntima do protagonista acontece através do tempo passado fazendo experiências com os amigos e no encontro com a sexualidade: a cena em que a menina que ele ama lhe toca levemente o sexo é o que ativa o processo de revelação. Naquele momento, a realidade se descompõe para ele em um caleidoscópio de imagens, ao centro das quais está o gesto da jovem que se funde com aquele, sexualmente abusivo, da tia morta. É assim que, posteriormente, o protagonista coloca em foco o que não sabia saber, ou seja, a terrível verdade que o amor da tia não era amor. O rapaz entra em um delírio psicótico e a analista que se encarrega dele no hospital, quando lhe dá alta no final do percurso, diz a ele que "se não podemos mudar de onde viemos, podemos pelo menos decidir para onde ir". Naturalmente, sem nenhuma garantia de chegar. Nesse filme inusitado, a família é o lugar de onde se vem, enquanto aquele para onde se vai, o horizonte, coloca-se no registro do coletivo. O rapaz se tornará um escritor; a salvá-lo está o Outro, mesmo que através de um percurso doloroso.

A paixão pelo Saber é eros; e é melhor não consumir eros em família.

Lacan dedicou um seminário inteiro à relação entre saber e eros, reinterpretando a figura do analista através de Sócrates e a transferência analítica à luz de uma releitura da relação entre Sócrates e Alcebíades [5]. Ao desejo falta sempre o objeto: a leitura de Kojève da dinâmica do senhor-escravo de Hegel, estudada por Lacan, mostra a ilusão da reciprocidade. Entretanto, o eros, mesmo com esses limites, é o único modo por meio do qual o saber pode ter efeito sobre a vida, seja na forma de saber o que desejo, seja na pergunta sobre o que o outro quer de mim – pergunta destinada a não ter jamais uma resposta correta, mas que faz com que, em sua investigação, o sujeito ative uma série de hipóteses inconscientes. Em todo caso, esse seminário parece nos dizer: todo saber que se queira proteger da implicação e, portanto, de eros e pathos, é morto, vazio. O saber que conta é o que *nos custou a pele* [6], não o da prestação, da informação, dos tecnicismos ou da obediência, mas o saber ligado ao risco, conectado à paixão [7], que contrasta a apatia e vai em outra direção em relação à anestesia contemporânea. Na desvalorização inconsciente do coletivo por parte do discurso dominante, os jovens não são estimulados a sentir a escola como lugar de liberdade e de futuro, no qual já podem fazer experiência de socialização e de amor através do saber que liberta. Nos discursos familiares – mesmo não explícitos – a escola é humilhada, avaliada como insuficiente, degradada. A concorrência familiar a desconhece não tanto no plano da competência técnica quanto educativa, porque é a família que gostaria de ter a última palavra sobre o filho. O eixo pais-professor foi quebrado, e o primeiro é intolerante às críticas sobre o filho, sentidas como ofensas pessoais. Se a escola é um instituto, em certo sentido, melhorável, em outros pontos se apresenta não apenas como ilha de vanguarda, mas também como uma grande ocasião para o jovem: o possível encontro entre eros e saber.

As crianças saem pouco. Depois da escola e das atividades extraclasse, são levadas para casa ou para a casa de um amigo. Até pouco tempo atrás, podia-se brincar no quintal ou nas praças, mas hoje os quintais e pátios estão vazios, as praças estão silenciosas de vozes infantis; os parquinhos, desertos, a menos que seja a hora de saída da escola, quando, se o tempo estiver bom, enchem-se de mães, babás e crianças. Até aqui, o medo do que é de fora é exagerado: os anos setenta por exemplo, por vários motivos, eram muito mais perigosos, mas os jovens viviam fora das paredes domésticas. Inclusive nas cidadezinhas onde todos se conhecem e o problema do estranho que anda pelas ruas é menos percebido, as crianças de hoje estão dentro de casa. Não existe mais nada parecido com o "encontro marcado", tácito e ansiosamente esperado, que os meninos faziam no campinho ou no pátio do prédio, seguros de encontrar sempre algum companheiro por lá, talvez o amigo preferido. Hoje, uma criança quase não escolhe mais o amigo, porque com frequência o encontra já "embalado para presente": é o velho e bom filho da amiga da mãe ou o colega de escola que mora perto. O quintal era o lugar, até metafórico, no qual a descoberta do outro menino ocupava o pensamento e modulava novos afetos, amizades, encontros e até inevitáveis desencontros. Era um primeiro treinamento à diversidade e à implícita garantia de que o forte afeto pelo estranho, pelo outro menino, era consentido e normal, o que hoje já não parece tão óbvio. Escutei pais que tentam redimensionar os sentimentos dos filhos em relação aos companheiros de brincadeira, banalizando-os porque fugazes, ou chegando até a torná-los pejorativos porque nenhum amor poderia ser comparável, por intensidade e duração, ao de um pai ou de uma mãe (!). Inclusive muitos pais de casais "alternativos" parecem ser tocados por esta claustrofilia: focalizando-se sobre as crianças, transmitem a ideia de que o que conta realmente acontece dentro, não fora, e com isso se esquecem de que foi exatamente o coletivo, o expor-se na esfera social, a permitir sua própria existência em termos de reconhecimento público.

O Homem nunca antes viveu em uma sociedade tão preocupada com o tema da segurança e ao mesmo tempo tão segura como a atual.

A propósito disso, uma curiosidade: na França, na abertura do ano escolar 2014-2015, começou a circular uma publicidade de um casaco integrado a um sistema de localização GPS, de modo que os pais pudessem vigiar os passos dos filhos [8]. Ser controlados como detentos em liberdade vigiada não insinuará neles um sutil, mas atroz laço entre controle e amor?

A claustrofilia passa também pelos corpos. Na minha outra atividade, professora de canto, venho percebendo nos últimos anos entre os jovens o aumento de uma singular postura contrária a uma boa emissão da voz, como se fossem corpos sem raízes:

> Existem muitas pessoas que ainda não nasceram. Parece que estão aqui e que caminham, mas de fato não nasceram ainda porque se encontram do outro lado de um muro de vidro, estão ainda dentro do útero. Não criaram ainda uma ligação com este mundo; estão suspensas no ar, são neuróticas que vivem uma vida provisória [9].

Muitas vezes notei esse não nascer nos pés que defini "voadores", aqueles que não tocam nunca a terra; corpos pouco enraizados porque nunca separados das origens. Para nascer é necessário abandonar o útero, a casa, para habitar o mundo e não para estar provisoriamente por aqui, como se existisse ainda uma suspensão aminiótica. É o medo que nos faz valorizar exclusivamente a casa que, como um âmbar, é atraente, mas, como acontece com o inseto fóssil, o filho incluso nela está morto.

O CENITOR PICMALEÃO

Uma mãe me conta que sua filha, uma linda moça loira, muito esperta, de apenas 15 anos, um dia lhe gritou: "Não fique em cima de mim, me deixe viver! Não é culpa minha se, para me educar, você renunciou a ter amigos, amores, carreira, à vida inteira! Eu não lhe pedi isso!". À mãe, fina intelectual, importava tanto o êxito pessoal e cultural da filha que, para realizar essa obra, tinha se esquecido de si mesma. Tendo sustentado os vários talentos da moça – linguísticos, pictóricos e musicais – a mãe tinha criado um pequeno gênio e agora aquela maravilha tinha ido em busca de amor, para longe dela, oferecendo a outros o resultado de seu trabalho. A mãe não se consolava em saber que o rapaz com quem a filha passava tardes inteiras estudando, conversando e tocando instrumentos – aquele que gozava da sua obra-prima, em síntese – fosse ele também cheio de recursos, nem se alegrava com o fato de que a qualidade do tempo que passavam juntos não fosse apática e vazia como a de outros jovens da mesma idade. A questão era que a filha tão amada e finamente esculpida, aquela na qual tinha investido tanto tempo e criatividade, estava escapando-lhe. Talvez algo parecido tenha experimentado outra mãe intelectual, que viveu alguns séculos antes dela, e que a própria paciente amava: as preciosas cartas que Madame de Sévigné [1] escrevia à filha, esta mãe poderia tê-las escrito a próprio punho, uma a uma.

A filha da Marquesa de Sévigné era refinada e bela [2] e as duas mulheres "formavam uma dupla brilhante e única, que atraía todos os olhares. Os senhores da moda, os poetas da Corte, inventavam para elas os elogios mais engenhosos" [3]. A moça era disputada por muitos pretendentes, entre os quais foi escolhido o Conde de Grignan, já duas vezes viúvo e pai de duas filhas, que na época era um diplomata na Corte. Este cargo fez com que Madame Sévigné esperasse manter a filha por perto, mas o Conde, alguns meses depois das bodas, foi nomeado governador na Provença e teve, assim, de se mudar. Quando a jovem deixou a mãe para seguir o marido, Madame Sévigné, aflita, começou a escrever ao menos duas cartas por dia, todos os dias: as duas mantiveram uma comunicação tão intensa como a que se vê hoje em dia – mesmo que muito menos preciosa – nas trocas de SMS, por questões absolutamente inúteis, entre pais e filhos. A correspondência entre Madame de Sévigné e a filha Françoise de Grignan era tão pungente que a mãe, grata por essa possibilidade, dedica algumas frases de elogio à "tecnologia da época" que permitia tal proximidade, e em uma vibrante carta a marquesa tem um brio de reconhecimento para com os cocheiros que, para cima e para baixo por toda a França, não deixavam faltar às duas mulheres as suas trocas cotidianas: "Não tem um dia da semana em que estes não levem uma carta minha a vós e uma vossa carta para mim" (carta de 12 de julho de 1671). E na mesma carta, escreve à filha: "Só recebi uma vossa carta hoje, minha cara filha, e me sinto um pouco enraivecida: me acotumastes a receber duas": a doce reprovação tem o tom que poderia ser usado com um amante. Se considerarmos o tempo para cuidar com zelo o estilo elegante – de que Proust gostava tanto – ou até apenas para redigir missivas tão longas, podemos nos perguntar quanto tempo tinham as duas para se dedicar a outras coisas ou a outras pessoas: "O meu único prazer é escrever-vos", diz, de fato, Sévigné a Françoise (6 de outubro de 1673). E assim se dirige à filha grávida: "Se vos sou um pouco querida, tendes extremo cuidado pela vossa saúde" (12 de julho de 1671). A sua inapropriada dedicação materna tinha adquirido ares de paixão a ponto de tornar-se quase inconveniente. O excesso desta mãe é sem freios: não existe um homem – nem um marido, nem um amante, nem um pai, nem um genro – para colocar limites. Na sua nota introdutória às cartas, Paul Jacquinet observa:

> Quando o amor materno transborda assim, não mantém a dignidade que lhe convém [...], o leitor, mesmo o mais disposto, se surpreende e se sente um pouco confuso por ela. É difícil não experimentar uma impressão deste tipo quando a vemos, ainda que com sessenta anos, distribuindo pequenos cuidados, mil pequenos carinhos, mil

cumprimentozinhos adoráveis a uma filha de quarenta [...] alarmar-se por cada coisa que a envolva, não deixá-la dar um passo, um movimento, sem enchê-la de recomendações, avisos, rezas.

Paradoxalmente, o estilo de relacionamento de Madame Sévigné com a filha foi decantado, por muito tempo, como aquele da mãe impecável, da mãe ideal.

Sua filha, mais reservada, comportava-se em altos e baixos e enigmaticamente se doava e se subtraía à presa da mãe, até que tentou fugir daquele abismo de cuidados refinados, mas no modo ambíguo da doença, tornando-se anoréxica. [4] A anorexia não é apenas do nosso tempo – e isso bastaria para demonstrar que o laço com o culto à magreza não é decisivo; ao contrário, sempre existiu porque as mães invasivas sempre existiram. Também Françoise, como as suas irmãs de hoje, imaginou inconscientemente que uma maior magreza pudesse retirá-la da presa ávida da mãe e torná-la um pouco ausente como objeto obsessivo da sua gula afetiva. Tornava-se nada para retirar-se enquanto alimento da mãe. E, ainda assim, o cálculo inconsciente era incorreto: ansiosa pela doença da filha, Madame de Sévigné multiplicava os conselhos – melhor dizendo, as prescrições – e procurava médicos e tratamentos de saúde perto de si ou em lugares renomados nos quais se oferecia com prazer a acompanhar a filha que, porém, não se curava. Nesse ínterim, a mãe não cessava a obra de aperfeiçoamento da jovem senhora e a guiava nas escolhas mais miúdas:

> Uma mãe cujo saber polimorfo contém uma resposta para todas as circunstâncias da vida da filha [...], felizmente tudo isso acontece por carta, sendo a função essencial da carta evitar o corpo a corpo [5].

Corpo a corpo que mesmo assim é produzido, porque a escrita zelosa e selante dessa mãe é o seu corpo que adoece o corpo da filha para quem deseja a perfeição, a qual esmorece com a enfermidade para reinvindicar, talvez, uma normal imperfeição, além de para não ser mais tão apetitosa para a mãe. Madame de Sévigné elogiava tudo dela, com frequência até seus belos seios: a pena da marquesa entra em tal ponto nos detalhes íntimos do corpo da filha que nos leva a pensar que Françoise fosse um objeto erótico inconsciente para essa mãe que não amava muito o masculino e declarava abertamente à filha não encontrar nenhum motivo válido para ir para a cama, exceto para dormir. A sua escrita invasiva – pena falicamente penetrante – obriga a filha a tentar desaparecer e subtrair-se dela através da doença mental da anorexia. "Não tive outro objetivo", escreve Sévigné, "que a vossa saúde, a vossa presença e manter-vos perto de mim" (15 de agosto de

1679). A partir de 1690, mãe e filha viveram juntas em Grignan, para onde a primeira acorreu para acudir a segunda. Não se deixaram mais até o momento em que a mãe faleceu de varíola: a mulher, que com seu desejo de proximidade com a filha erigiu sua obra literária, não por acaso morreu de um mal cuja transmissão requer um contato estreito.

A vontade de modelar a existência dos outros nos remete também ao mito de Pigmaleão, escultor de Chipre narrado por Ovídio nas *Metamorfoses*. Ele criou uma estátua de mulher segundo o próprio ideal de beleza e se apaixonou pelo seu artefato, ventindo-a, beijando-a e levando-a para a cama. Deu-lhe inclusive um nome, assim como se faz com uma filha. O gesto com que Pigmaleão nomeia a amante não caminha, de fato, em direção aos apelidinhos amorosos que se acrescentam ao nome próprio, mas torna-se exatamente o nome próprio: assim ele põe a criatura em um registro indistinto, obsceno, que oscila entre o erótico e o filial. Esse mito também – como a história real de Madame de Sévigné e sua desditosa filha – mostra o fundo opaco e ambíguo da vocação em ser educador absoluto que pode tomar conta de um pai ou de uma mãe na tentativa de fazer do filho a própria obra perfeita. A invasão na vida dos filhos, o querer ajudá-los em qualquer circunstância, o ser colocado a par de seus problemas, mesmo os mais reservados, não quer dizer "participar" de suas vidas, mas conduzi-las fortemente. Essa atitude de suporte contínuo, que para existir se alimenta de confidências privadas, obstaculiza o filho no contato com a própria vida íntima, aquela que a cada um dá o sentido de existir. Todo mundo precisa de seu jardim secreto: "dizer tudo" a um outro é desumanizante.

Cristina sonha estar trancada dentro de um quartinho de despejo, grita para que alguém o abra e depois percebe que a chave está dentro; tem a possibilidade, mas não consegue sair. Filha de um pai-Pigmaleão, na modalidade amável e sedutor, passou a vida adorando-o e sendo permissiva com ele, até chegar a ver-se privada da própria intimidade: você é um livro aberto para mim, ele lhe dizia. E ela se abria a ele sentindo-se "lida" e valorizada por esse pai, fino intelectual; deixava-se prazerosamente ser compreendida e conhecida. Assim, em um tal excesso de penetração psíquica, ela se tornava "objeto" – por mais precioso e digno de atenção – imóvel e passivo. O relacionamento que se estabelece, nesses casos, é de tipo abusivo e obstaculiza a estruturação de um posicionamento subjetivo em relação à própria intimidade, continuamente violada. O sujeito, então, facilmente se adequará a um ideal desejado pelo outro, permanecerá em uma posição imaginária combatendo – e não pouco – para acessar o simbólico que se organiza em torno a um polo criativo pessoal. Muitos filhos são loucamente fixados ao genitor-sequestrador que, na casa perene, torna "doce o naufragar", como diz o verso de Leopardi no fechamento do "Infinito": este é só outro nome para a Coisa materna. O fato de que, nesse caso clínico, exista um pai nas vestes de Pigmaleão não deve enganar: ele expõe a filha a um absoluto, a uma hipnose análoga ao corpo da mãe. A paciente, de fato, fala do pai como de "uma mãezinha". Um pai não encarna automaticamente a função paterna: a paternidade é uma atribuição simbólica, um ato voluntário, não uma atribuição natural [6].

Esses filhos quase nem pensam em opor-se à invasão, porque é uma ocupação que traz as insígnias da paz e do bem, segundo um esquema não diferente daquele das guerras ocidentais contemporâneas. O próprio jardim secreto é pulverizado da ambígua exigência dos pais de saber tudo do filho para melhor protegê-lo, até que o filho se rende e, num certo sentido, deixa-se engendrar. Não é raro ver adolescentes crianças – mas também jovens adultos não menos crianças – que, em vez de estabelecer relações significativas com seus coetâneos, ainda contam tudo à mamãe!

Os elementos eróticos idealizados incluídos nesses relacionamentos são evidentes e o filho com frequência ocupa, sem sabê-lo com clareza, uma incerta e porosa fronteira entre filho e amante. Assim que ele também, com frequência, não consegue ter outros amantes além dos pais e seus relacionamentos sucessivos acabam por transformar-se em uma pálida e miserável cópia destes; ou então não consegue apaixonar-se por um novo parceiro, porque a sua paixão se manifestou e permanece ancorada no genitor inclusivo. A cada primeiro encontro com uma mulher, Ottaviano manifestava um sintoma recorrente: sua ereção era defeituosa ou em deficit completo. Invariavelmente a mulher se apaixonava por ele, mas o homem não se entregava nunca por inteiro a nenhuma, em analogia à primeira cena do encontro. Ottaviano não conseguia envolver-se em nenhuma relação porque era ainda da mãe.

Se o filho se deixa edificar assim como deseja o genitor – se lhe submete –, fatalmente permanecerá no lugar de seu amante inconsciente, como aconteceu com Françoise, filha da finíssima Madame de Sévigné.

O genitor-Pigmaleão é geralmente de cultura superior e é um narcisista convicto de poder tornar possível o que deveria permanecer impossível: plasmar um outro para torná-lo parecido consigo. É um artífice manipulador pouco interessado na transmissão de uma geração à outra. Não acredita na passagem de autonomia na qual o filho – para enfrentar a vida – extrai *só um traço* do estilo existencial dos pais, aquilo que lhe serve, e não *toda* a sua doutrina forçada. O genitor-Pigmaleão tem a atitude do ensino –

geralmente o é também por profissão – é afeito à catequese, protocolo pelo qual organiza os saberes e os gostos do filho.

No mito, Vênus, a deusa do amor, intervém na história de Pigmaleão animando a estátua que ele esculpiu e realizando, assim, o sonho do escultor (Ovídio, Metamorfoses x, 274-294). Ou melhor dizendo, Vênus torna a estátua não realmente viva, mas apenas dotada de animação, porque não lhe confere a imprevisibilidade que um outro ser traz consigo: Vênus presenteia Pigmaleão com um *autómaton*, não uma mulher. E se esta fosse a sutil punição que Vênus lhe quisesse inflingir? Com esta encarnação, Vênus satisfaz, na realidade, só a vaidade de Pigmaleão, seu narcisismo, mas não lhe faz o dom precioso de encontrar um verdadeiro *outro*. O filho obediente de um genitor-Pigmaleão abdica da própria originalidade e isto é um crime porque a alteridade existe justamente para impedir a deformidade do incesto.

Toda obra de arte – nisso não diversamente de um filho – teria como destino girar o mundo, independentemente de seu criador, longe de seu controle. Ovídio retoma a lenda do rei Pigmaleão, de Filostéfano, de Cirene, mas retira dele a atribuição de rei e o faz um simples escultor (*Metamorfoses* Livro x, 243-297): a variação do mito de Filostéfano torna-se em Ovídio um sutil raciocínio sobre a presunção do artista. Pigmaleão não é um artista verdadeiro porque não está disposto a perder a sua própria obra que, ao contrário, permanece emaranhada entre seus lençóis.

Cristina, a paciente filha do pai-Pigmaleão, outra noite sonhou que caminhava com os grandes pés do pai, que se confundiam com aqueles do marido. Este sonho aconteceu justamente nos dias em que percebia com clareza ter dado ao pai uma espécie de procuração geral sobre a própria vida. Os pés, nessa imagem onírica, evocam um Édipo contorcido [7], uma passagem que não aconteceu, uma dificuldade de manter-se sobre os próprios pés, em radicar-se na terra, em escolher uma direção para si mesma, em arriscar a autonomia. O genitor--Pigmaleão quer filhos dotados de animação, autônomos não autônomos, perfeitos porque conformados; como Olímpia, a boneca do conto de Hoffman, artificiosa e inquietante no seu ser garota-modelo, mas inanimada [8]. O manifestar-se do inorgânico, onde se esperaria o contrário, é a marca do demoníaco [9].

Voltando à narração da paciente, toda a sua família se esterilizou por causa da coerção intrusiva e persuasiva do pai-Pigmaleão: nenhum filho teve filhos seus e um deles não saía jamais de seu quarto, permanecendo inclusive fisicamente prisioneiro em casa, como no sonho da paciente. Os filhos que conseguiram se afastar lutaram para trabalhar e amar, ou seja, para viver. Poder trabalhar e poder amar não são funções distintas: em ambos os casos, está em jogo ser reconhecido por um Outro na própria singularidade particular, como inadmissíveis, diversos, não inclusos.

Se a família se torna o único horizonte de um filho, se ela substitui o coletivo, impede-o de *procurar* seu lugar no mundo, antes mesmo que encontrá-lo. Ao sujeito, então, só resta falir, justamente como sujeito, fazendo-se *objeto* nas mãos do familiar e – fatalmente – em segundo lugar, do cônjuge [10]. Um universo de angústia se escancara porque o terror é ficar à mercê do arbítrio de um Outro [11] que se tornou o Um: o único no mundo, a única chance, a única via possível. O Único que acreditamos possa dizer-nos *quem* somos. Como se não fôssemos, ao contrário, um caleidoscópio refletido nas pupilas das muitas pessoas que encontramos, musicalizado na variação prosódica da voz daqueles com quem vivemos, trabalhamos, estudamos. Não se trata daquele Um que detém a nossa verdade, mesmo que tenha nos colocado nesse jogo do mundo. De todo modo, ele o fez junto com um Outro.

Para enfrentar as duras questões relativas a essa posição parental, nos dirigimos não só a fragmentos de vidas vividas, como fizemos, mas também à literatura, que tem o dom de isolar os temas como em um laboratório e de criar uma ficção que não raramente é um destilado de sua verdade. O romance *A pianista*, de

Elfriede Jelinek, [12] conta a história de uma mulher meticulosamente forjada pela mãe, desde pequena, a tornar-se uma pianista, vigiando-a continuamente e apagando cada entusiasmo seu por aquilo que era a vida fora do estudo da música, o que fez dela uma mulher fria e dura. Aos quarenta anos, ela vive ainda com a mãe – o seu Um –, é professora no conservatório de Vienna e é cortejada por um jovem aluno seu. Em uma noite mágica, os dois músicos se exibem juntos em uma sintonia de mãos e corpos. Alguma coisa acontece entre eles através da música: no final do concerto, ele acompanha por um trecho as duas mulheres esperando poder ficar sozinho com sua professora, mas a mãe, como um amante ciumento, os vigia de perto e continua grudada na filha. A pianista se sente atraída pelo jovem e talentoso estudante, mas ao mesmo tempo não vê a hora em que o rapaz vá embora para voltar para casa, aconchegar-se em sua poltrona preferida junto à mãe na sua sala-útero, imutável através dos anos, e comentar juntas, apenas as duas, o concerto que acabou de terminar. Porém, essa ótima filha, desenvolveu nesse ínterim uma perversão voyeurística: segue nos bosques os casaisinhos e espiona o amor que não lhe foi permitido experimentar. Uma noite, tendo voltado um pouco mais tarde de uma dessas saídas, prevê que a mãe "gritará, fará uma tremenda cena de ciúmes. Será preciso um pouco de tempo para que ela se reconcilie consigo. A filha, de sua parte, deverá conceder-lhe uma dúzia de serviços de amor altamente especializados [...] Como poderia conseguir dormir temendo ser acordada pouco depois pela filha, que entra no leito matrimonial para ocupar a própria metade?" O lugar ocupado pelo genitor-Pigmaleão é aqui, mesmo fisicamente, o lugar do amante: mãe e filha compartilham obscenamente a mesma cama. Quando, por fim, a pianista se entrega ao estudante apaixonado, estabelece para ele regras de relacionamento inspiradas na perversão sadomasoquista instaurada, em nível psíquico, entre ela e a mãe. O rapaz é a ocasião que o mundo lhe oferece e que acaba perdendo porque o jovem não é vivido como alteridade, mas levado para dentro da perversão que lhe é familiar, assimilado a ela. De sua parte, ele, que desde o início buscava na mulher um amor ideal, acaba por entrar no jogo, humilhando-a em uma apoteose de perversões demandadas por ela mesma, em uma brilhante performance de estudante-modelo ao final da qual, porém, a abandonará. Após essa desilusão, ela se ferirá com uma faca, vagando sanguinolenta e delirante pelas ruas de Viena.

O genitor-Pigmaleão cria um mundo fechado aparentemente benéfico e torna os outros momentos da vida do filho – a escola, a brincadeira com os colegas, o relacionamento com os professores, os encontros – totalmente ineficazes. Muitos filhos encontram em mentores, treinadores ou mestres aquele Outro que os reconhece e os faz abrir-se, mas isso é possível apenas se os pais deixaram um pouco de espaço livre para acolher uma semente do Outro. A oposição em família, tão necessária para o progresso da civilização – como nos lembra Freud – é banida em favor do hipnótico berço da obediência que faz com que o pensamento, a vontade e a própria vida se tornem miseráveis [13].

A manipulação que faz do outro idêntico a si mesmo torna-se um hábito normalíssimo: em uma causa de separação, o juiz argumentou que não existia nenhuma manipulação parental porque é *normal* que a criança pense como a mãe, dado que vive com ela [14]. Até os melhores juízes se enganam quando se trata de um tabu como este da malevolência da mãe e de suas manipulações. Antigamente, viver sob o mesmo teto implicava em respeito para com os pais, mas agora a aposta é inacreditavelmente aumentada: hoje aos filhos se pede a homologação. Será por isto que é tão difícil multiplicar os tetos? Uma guarda realmente compartilhada deve absolutamente comportar o duplo domicílio: multiplicar as casas, adicionando a casa do pai, é uma riqueza para a criança. O deslocamento remete ao humano: os lugares de trabalho e de encontro, as habitações, os amigos, os lugares públicos. E então por que a criança não pode ter duas casas? Considerar que o filho de pais separados deva ter só uma casa não implica talvez uma ideia de casa como prolongamento do útero materno, ambiente tóxico e passivizador, em vez de abrir-se ao pensamento de casas diversas como lugares nos quais fazer experiências diferentes? As relações familiares podem ser medidas perimetralmente? São mesmo as paredes domésticas que definem os fios dos laços?

O genitor-Pigmaleão não fabrica laços, mas nós. Um paciente observa: "A voz de meu pai sempre me disse que quando crescesse o ajudaria na empresa da família e essa voz tornou-se para mim como um esqueleto, me estruturou; quando tento fazer outro trabalho me convenço que não vou conseguir, que não sou bom o bastante, que preciso voltar para ele para poder sobreviver". Lacan dizia que o inconsciente é o Outro a quem perguntamos "che vuoi?" [15]. No inconsciente estão inscritos os pedidos que, para nós, o Outro – e o primeiro Outro é a Mãe – espera que satisfaçamos. É este o enigma da criança: não é dito que os pedidos do Outro sejam legítimos e talvez não sejam nem aqueles em que o filho acredita. Perguntar "che vuoi?" é um ritual de passagem; a resposta que se dará lhe permitirá ter um lugar de onde poder responder a esta mesma pergunta feita a si próprio: "che vuoi?"

Como poderia o filho do genitor-Pigmaleão chegar a perguntar-se: *o que eu desejo*? Ele transformará o "che vuoi?" em um "o que você quer de mim?". Ser como os pais o querem – ser como a estátua do escultor de Chipre, animada, mas não viva – é o seu fantasma inconsciente, aquilo que – ele acredita – o fará sobreviver. Ao contrário, como no sonho de Cristina – a paciente trancada no quartinho de despejo – a chave está dentro: só ela mesma pode abrir a porta.

STENDHAL
E
ESTOCOLMO

A posição passiva dos filhos inclusos, o seu "deixar-se fazer" pelo outro – que vimos em ação, por exemplo, na filha de Madame de Sévigné e no sonho da paciente que podia libertar-se sozinha, mas esperava que um outro o fizesse por ela –, mostra uma indolência que, com certeza, não é um inócuo e esporádico prazer, mas inércia, esquecimento de um projeto pessoal, não saber o que desejar para si mesmo, que os leva em direção a uma inapetência psíquica da qual podem inclusive não ter consciência. O isolamento – emotivo e físico – no qual estão trancafiados parece não suscitar nem ao menos a sua preocupação. Em Dante os inertes são invisíveis, colhese a sua presença apenas do gorgolhar do barro: são tão esquecidos de si que não chegam nem a representar a si mesmos, nem seus pecados [1]. Os filhos reféns não são necessariamente tolos, obtusos, porque o enlace afetivo dos pais, fazendo deles sujeitos passivos, pode ser inexorável até para as mentes mais brilhantes. A hipótese que pretendemos defender é que o tipo de inércia, de esquecimento de si, que um filho refém manifesta resulta do encontro de duas constelações psíquicas bastante conhecidas: a de Estocolmo, na qual se ama o próprio raptor, e a de Stendhal, em que o ânimo mergulha em um estado de estupor abissal. Em ambos os casos – Estocolmo e Stendhal – trata-se de um rapto psíquico, e, quando o raptor é um dos pais, o filho se abandona ao seu encantamento, confiante como um recém-nascido acolhido pelo corpo da mãe. O efeito Stendhal [2] é uma experiência atravessada por uma onda de perturbação profunda: trata-se de uma experiência do subversor que deixa o sujeito em um estado de perplexidade estática. Todo pai ou mãe que captura psiquicamente um filho não mais recém-nascido exerce sobre ele um fascínio primitivo, parecido com aquele da mãe arcaica, um feitiço docemente hipnótico e ao mesmo tempo devastador.

Levantemos a hipótese, assim, de que a posição inconsciente de um filho refém seja semelhante àquela do espectador que, diante de uma obra-prima, seja acometido pela Síndrome de Stendhal [3] – uma espécie de ataque de pânico paralisador – e comece a vacilar por causa de um detalhe da obra que, nele, conecta-se a alguma coisa de antigo, de familiar e sem palavras, justamente como foi a primeira experiência de fusão. Quando o observador balança e treme diante da beleza da obra de arte é porque encontrou ali, por um momento, um fragmento do primeiro objeto amado, perdido ou arruinado, alguma coisa que foi boa, mas que depois se deteriorou. Tal encontro é ambíguo: fonte de êxtase e de horror [4]. Um filho como refém é tomado dessa mesma vertigem do observador, é igualmente passivo, estaticamente invadido e obediente, pronto para ser transportado pelo outro que tudo pode. Existe apenas uma diferença, em vantagem do observador: no vacilo, este último tem uma epifania, encontrou a verdade, o véu se afastou um pouco e fez entrever o objeto bom materno como objeto deteriorado, enquanto o filho refém pode não ter ainda tido a experiência da sua decadência. Não vê, nem quer ver, ou então entreviu e não quer mais ver. É vítima de uma miragem: que o objeto materno possa permanecer para sempre um objeto "bom", mesmo na proximidade extrema.

A Síndrome de Estocolmo atinge quem experimenta um envolvimento amoroso pelo próprio sequestrador, com o qual cria uma espécie de aliança contra o mundo, suas requisições, suas exigências legais [5]. A expressão foi usada depois de um episódio que aconteceu em Estocolmo em agosto de 1973: dois sequestradores mantiveram quatro funcionários de um banco como reféns e uma das mulheres sequestradas instaurou um verdadeiro laço sentimental com um dos criminosos, que se manteve mesmo após a libertação. No curso de um telefonema com o então Primeiro Ministro sueco Olof Palme, um dos reféns disse, também em nome dos outros: "Estes ladrões nos defendem da polícia!" [6]. Os encontros são sempre singulares e imprevisíveis: encontramos o outro onde menos esperamos, por isso pode ser que o enlace amoroso aconteça não obstante o quadro dramático, ou então justamente porque o evento traumático faz com que a vida mude de direção e o encontro assuma o valor de uma revelação, de uma fulguração. Todavia, a disparidade em que nasce uma relação desse tipo – em que uma vida depende da outra e em que um dos dois exercita uma fascinação absoluta sobre o outro – pode fazer aparecer no fundo a analogia com a situação originária da existência em que a nossa vida está totalmente à mercê de um outro ser, isto é, a relação mãe-recém-nascido. Pode acontecer, assim, que o trauma do sequestro leve um sujeito à regressão rumo a um estágio primitivo de gratidão para com a pessoa da qual a vida mesma da vítima se encontra em dependência.

A interseção entre as duas constelações – Stendhal e Estocolmo – tem como centro um encantamento de caráter regressivo em que um ser captura outro: uma presa que pode assumir as insígnias abissais de uma apatia estática. A relação arcaica com o materno, na qual alguma coisa permanece não simbolizada, mas ativa, é o seu nó oculto. Para os filhos incluídos, esta referência pode continuar escondida, ou então o seu nível de invasão pode ficar incompreendido. No segundo caso, o pertencimento à mãe é declarado sem equívocos e sem verdadeira consciência de seu significado por Susanna, uma mulher casada, com filhos, que perdeu a mãe há pouco tempo e diz: "Eu e ela éramos um *casal* fantástico! Estávamos sempre juntas! Mesmo que à noite cada uma voltasse para sua casa, os nossos telefones tocavam sem parar, entre chamadas e mensagens". Depois, com um suspiro nostálgico, pronunciando bem devagar a palavra para dar valor às sílabas, acrescenta: "...continuamente!". Trata-se de uma filha que constituiu só formalmente uma família sua, sem levar a sério a "parelha" com o marido. Como se Susanna estivesse ainda na posição de recém-nascida, sua mãe era vivida, sentida, experimentada como um pedaço de si mesma, uma mãe a quem demandava preenchimento, e para sempre, todo o tempo de sua vida. Tempo subtraído à nova família. Como pode morrer uma mãe assim presente? Nem menos a morte poderá operar uma verdadeira separação. Teresa, outra mulher de cinquenta anos, que há vinte e cinco anos convive com um homem e que se concedeu outras relações, na morte da mãe exclama: "Ela era o meu amor!"

Além disso, vale sublinhar que, além das histórias singulares de cada paciente, esta confluência Stendhal-Estocolmo parece ter-se tornado um retropensamento não declarado e complacentemente aceito que encontramos em plena função nas trocas sociais atuais. Uma empresa de telecomunicações decidiu para a própria campanha publicitária – expressão eficaz do "discurso do patrão" que geralmente nos diz, mais precisamente que um conselho de sociólogos, a que ponto esteja uma cultura – colocar em cena a história de um rapaz em viagem ao outro lado do mundo. O jovem envia fotografias e um e-mail em que conta as maravilhas que vê, concluindo a missiva com um "sinto muito a sua falta". O expectador pensa que escreva à namorada, mas não: o e-mail é destinado à mãe. Se você está girando o mundo e sente falta de mamãe em vez de uma garota, alguma coisa virou de ponta-cabeça no ponteiro do tempo: o futuro representado por um novo amor entorna no passado da carne materna. Outro exemplo: um conhecido perfume para homens escolheu representar a essência da masculinidade com uma cena em que um barco a vela navega em frente a uma ilha vulcânica em plena erupção, símbolo de paixão. No barco está acontecendo uma festa: mulheres belíssimas dançam na proa, mas o ator de cabelos escuros, com olhar decidido, atravessa o barco deixando de lado essas mulheres que o seguem com o olhar, sem nem menos considerá-las. O homem, ao contrário, caminha inexoravelmente rumo à popa, onde a mãe o espera, toma-a em seus braços em uma valsa cheia de ternura: este é o masculino que a comunicação veicula no nosso tempo. Se pensarmos que o comercial foi gravado por um famoso diretor italiano de nível internacional, compreenderemos qual é a percepção cultural dos relacionamentos atuais entre uma mãe e um filho e quanto um tal desvio do desejo masculino é aprovado e sustentado socialmente.

Outro indicador que sintetiza o sentimento difuso são os filmes para crianças e os desenhos animados em que, diferentemente daqueles de algum tempo atrás, nos quais o herói precisava resolver seus problemas sozinho, são recheados de pais e mães, exatamente como a vida dos pequenos expectadores: o conto de fantasia não faz nem menos sonhar algo de diferente da vida diária, não diz nada de novo, é uma réplica do cotidiano. Os esquemas de conto sobre os quais as histórias eram construídas ensinavam a aventura, a saída e a separação de casa, dolorosos, mas necessários para encontrar um lugar no mundo. Tal sofrimento era apresentado como nutrição do crescimento e o herói era premiado pelo seu caminho evolutivo. Hoje, o herói dos contos de fada é aquele que reúne de novo a família.

Algumas exceções testemunham, por sorte, que existem ainda certas ilhas de discernimento. Interessante e inesperado é o caso julgado por um tribunal eclesiástico que emitiu uma sentença de anulação do vínculo matrimonial porque o marido não conseguia defecar nem tomar banho no banheiro do novo casal, mas para realizar essas funções primárias precisava necessariamente usar o banheiro da mãe! Esse gesto do homem, íntimo e revelador de uma grave inclusão, foi lido em modo surpreendentemente brilhante por aquele tribunal justamente como o que era: uma incapacidade de assumir as responsabilidades matrimoniais e uma impossibilidade de construir uma nova família devido a uma oposição psíquica profunda em separar-se da mãe [7]. Incapacidade esta que torna difícil viver, amar, gerar por si próprio. A esterilidade física e afetiva, assim como grande parte das impotências masculinas pode ter uma raiz na dificuldade de separar-se da casa primeva, como faz compreender um fragmento do caso de Ottaviano citado no capítulo anterior. Do lado feminino, a impotência se manifesta com ausência de desejo sexual, vaginismos e anorgasmias. Cristina relacionava sua secura vaginal ao fato de sentir-se emocionalmente árida. Mulher inteligente, seu inconsciente funcionava, por assim dizer, de maneira lógica, mas não "pulsionalmente", não como reservatório energético, não como inconsciente-corpo, porque este estava ainda sob sequestro por parte do pai.

E quantos filhos são impossibilitados de transformar a casa dos pais, mesmo quando estes já não existem mais? Uma mãe fez com que o filho mais velho lhe prometesse que conservaria a bela e grande casa de família exatamente como era, indivisível, e que vigiaria o irmão mais independente para que o desejo dela fosse respeitado. Depois da morte da mulher, travou-se uma verdadeira tragédia da obediência que conduziu os dois homens à ruína. Anos depois, o filho que tinha feito a promessa confessou: "Eu acreditava realmente que se desobedecesse morreria; no sentido de que morreria literalmente". Quantos filhos, talvez já envelhecidos, por sua vez, sofrem, empobrecem-se, caem em miséria, não crescem economicamente para manter promessas sufocantes? O homem deseja o inferno, diz Lacan [8].

A hipótese de uma confluência entre Stendhal e Estocolmo nos ajuda a entender fenômenos sociais que permaneceriam, de outro modo, mudos.

Os filhos de hoje, por exemplo, não parecem ter como prioridade "cair na estrada", como se dizia tempos atrás utilizando uma metáfora – a estrada – que leva ao mundo. A posição atual de filho é alarmante inclusive nos dados estatísticos: de 1990 a 2009, entre os adultos de 25 a 40 anos, aumentou, por efeito da permanência em família, o papel de filho onde deveria aumentar o papel de pais; na faixa etária entre 35 e 44 anos, isto é, plenamente adulta, o papel de genitor diminuiu de 84% a 63,8%, enquanto o de filho dobrou, devido também aos fatores econômicos, embora não tão determinantes, na medida em que até algumas dezenas de anos atrás os filhos buscavam a sua autonomia renunciando aos privilégios de que gozavam na casa dos pais [9]. O dado estatístico não leva obviamente em conta todos aqueles que, apesar de terem saído de casa fisicamente e formado uma família, não se separaram realmente do núcleo originário. E ainda esperam nutrição do seio primitivo, como Silvia, que tem 40 anos, uma filha adolescente e um marido a quem ama e que a ama, mas não tem sossego e desenvolve sintomas físicos de fraqueza porque a mãe "compra o pão de um famoso padeiro para minha irmã e não para mim". Mesmo adulta, Silvia está ainda em busca de nutrição pela mãe já anciã: o gesto dela de alimentar a irmã mais nova se faz, para a paciente, símbolo e repetição da privação que ela sente ter sofrido desde que, com doze anos, sendo a mais velha entre os irmãos, precisou cuidar da mãe vítima de um grave acidente, devido aos qual entrara em coma, saindo dele com grandes fragilidades psíquicas e motoras. Com essses sintomas, a menina, que rapidamente precisou se tornar dona de casa, requer um reconhecimento tardio da própria posição de filha necessitada, tal como ocorreu com a irmã mais nova. Dessa posição, reivindica os direitos que imagina lhe tenham sido retirados. O trabalho psíquico foi imposto na valorização de seu lugar de adulta, indo de encontro ao nó fantasmático relativo à perturbação que ocupar o lugar da mãe em casa lhe fez viver, particularmente em relação ao pai.

Outro modo com que se joga o abismo em família, de fato, é ocupar o lugar de um dos pais, mesmo quando isso ocorre de modo não declarado e inconsciente. Adolfo, um jovem adulto, pede ajuda por causa do "insustentável sofrimento" que experimenta, quando briga com a mãe. Adolfo vive desde sempre com ela, que é separada, exceto por um pequeno intervalo em que, não por acaso, conviveu com uma mulher mais velha. Terminada esta relação, tornou a fazer par com a mãe, trazendo à sessão de análise cenas de tipo matrimonial e picuinhas de velhos cônjuges, depois das quais ele sofre terrivelmente. O primeiro passo para ele foi mudar seu sofrimento de lugar – que pensava fosse ligado ao conflito com a mãe –, em direção à dor causada pelo afastamento do pai. Adolfo vivia o paradoxo de dever identificar-se com o pai para fugir ao controle da mãe, mas ao fazer isso se fixava em seu papel imaginário de cônjuge. Diferentemente do filho, o pai tinha conseguido separar-se de uma mulher invasiva, enquanto Adolfo se sentia "embotado". Precisou inventar um novo lugar, não só de filho, mas de filho que não tem obrigação de carregar nos ombros – repetindo – a difícil história conjugal de seus pais.

Marina, uma bela mulher de quarenta anos, solteira, não "se sentia bem", se não fosse encontrar o pai viúvo, que vivia em outra cidade, todo fim de semana; mesmo ele não dando nenhum sinal de apreço pelas atenções da filha. Muitos filhos se sentem insensíveis e ingratos, se tentam a única verdadeira tarefa que todo filho deve assumir: separar-se e iniciar uma nova vida. Cada vez mais raramente experimentam novas estradas e, se o fazem, com frequência fazem com que não deem certo. Embora, como diz Hannah Arendt, "os seres humanos nasceram para começar" [10].

Cristina, a paciente do pai-Pigmaleão, sonha que o marido, sobre o qual projetou a figura do pai, está traindo-a com uma garota interessante. Logo, sustenta que o sonho tenha a ver com traição, mas também com desejo. Seu inconsciente registra, de fato, talvez pela primeira vez, a relação entre desejo e risco: no desejo por alguém existe também o risco de perdê-lo; se o outro não falta, não é possível desejá-lo. Depois, porém, observa: "Me parece uma *dépendance* da minha família de origem", frase que revela tanto sua *dependência* quanto a centralidade da metáfora da casa. Pergunta-se, assim, se será capaz de renunciar ao elemento "familiar" que existe no relacionamento com o marido – que lhe foi apresentado pelo pai –, sem pensar estar junto a um perfeito estranho. O único familiar tolerável para os filhos reféns é aquele que tem um relacionamento direto com a família de origem, alguém ou alguma coisa que não fujo de fato daquele círculo hipnótico. Se é verdade que toda análise é, e sempre foi, um caminho de independência, o analista se vê trabalhando por alguma coisa que, em nível do discurso social, hoje não parece ser mais uma conquista desejável.

Em outro sonho, Cristina mora em uma nova casa, destinada também aos pais. A casa é bem pequena, talvez sinal da angústia de sua condição. Nesse ínterim, ela está muito orgulhosa de como a decorou e mostra ao pai o anúncio com o qual a encontrou. "Era claríssimo que fosse para nós", diz, querendo dizer com aquele "nós" a família de origem. O sonho revela uma atmosfera íntima, mas eis que aparece no quadro idílico o detalhe macabro e revelador: o irmão, no sonho, não quer vir à mesa porque tem uma doença nos pés que o enche de feridas purulentas e o faz feder horrivelmente. O irmão de 50 anos da sonhadora, na realidade, vive ainda na casa dos pais. A sua doença nos pés, que se refere à etimologia de Édipo, é metáfora de uma relação edípica mal elaborada: se não existe separação, tudo apodrece. O fedor edípico é a verdade da bela casinha íntima. "O filho está podre", comenta a sonhadora, filhos "podres" que preferiram a obediência à independência.

Para todos, até para os não incluídos, a família inicial está na origem do amor e assinala as passagens sucessivas: um traço, um fragmento, alguma coisa da origem se reencontrará nas novas relações... mas transformado. Para o filho refém não existe esse movimento de translação: privado da possibilidade de transposição, transferência e reelaboração, é como se ele fosse interditado de colher *qualquer coisa* de familiar – qualquer coisa, não tudo – para poder fazer funcionar em uma nova invenção da vida. A ele resta a repetição sem transformação.

As paredes da casa perene caem sobre Rossana, uma jovem artista que, contando e comentando seu sonho, percebe recriar o quarto da adolescência em cada lugar de trabalho: "E então, eis que as paredes caem sobre mim e me sinto encarcerada, numa armadilha". A mãe "cuidava" dela, desde pequena, com práticas vagamente *new age*, ninando-a com uma voz de ritmo repetitivo e hipnótico que lhe produzia um transe, uma espécie de síndrome de Stendhal: a presença e a voz monótona da mãe tinham sempre o poder de capturá-la em uma espiral, de fazê-la experimentar um gozo de abismo, esplêndido e paralisador. Um dia, "para sair desse turbilhão que me absorve, comecei a consertar uma luminária estragada há muito tempo". Criando luz, tentava conter aquele fantasma de absorção que a toma toda vez que se dedica a seu trabalho criativo e que, ao contrário, a faz desaparecer: consertar a luminária foi o gesto com o qual Rossana se subtraiu à hipnose materna. Recolocando-a em funcionamento, pôde iluminar e ver a própria anestesia depressiva que, como sintoma a mais, lhe impedia inclusive de sentir dor física. O seu processo de afasia, de dissolução subjetiva, de acidez culpada, pôde começar a ser tamponado, encontrando um ponto de castração luminoso que coloca no trabalho. Eis, assim, que o simples gesto de consertar uma luminária reativou um desejo próprio, consentiu que ela criasse e, mais adiante, concedeu-lhe também a possibilidade de amar um homem.

A declaração de Jesus: "Pensastes que vim trazer paz à Terra? Não, em verdade vos digo, eu vim para trazer divisão" (Lucas 12, 51) nos diz que, para atingir a paz é preciso passar pela separação. A separação funda o mundo: Deus criou o mundo separando as terras das águas. A criação é separação, parcialidade, não-tudo. Os pais deveriam dar o mínimo aos filhos – o pouco que realmente conta – ao invés de querer dar-lhes o máximo: deveriam saber conter-se. Um guia, quando é *para sempre*, cega.

Nas relações entre pais e filhos marcadas pela interseção Stendhal-Estocolmo, desaparece o normal conflito entre gerações, e isto nos questiona sobre a evolução mesma do gênero humano. O perigo, de fato, não é apenas para a vida dos indivíduos, por aquilo que os filhos poderão ou não poderão tornar-se nessas condições desfavoráveis ao seu crescimento pessoal. Está em risco para esses filhos incluídos a capacidade de colocar em movimento o pensamento e as ideias. A dúvida não é apenas sobre seu sucesso como indivíduos, sobre a sua realização pessoal atingida por uma lassidão sintomática, mas é a inteira arquitetura da civilização, assim como a conhecemos, que poderia estar em perigo:

A emancipação da autoridade dos pais por parte do indivíduo que cresce é um dos êxitos mais necessários, mas também mais dolorosos, do desenvolvimento. É absolutamente necessário que tal emancipação ocorra, e é presumível que qualquer pessoa normal a tenha, em maior ou menor medida, realizado. Aliás, o progresso da sociedade baseia-se nessa oposição entre gerações sucessivas [11]

Trabalho de civilização e *claustrum* familiar são incompatíveis. Se o humano está em sua última chance, essa chance não é a assimilação hipnótica da família.

AVANÇOS DA FAMÍLIA

Na maioria dos casos, na Itália, depois da separação, os filhos são confiados à mãe através de uma espécie de drible a uma boa Lei, a 54/2006, relativa à guarda compartilhada. Por anos, vem-se utilizando um expediente aparentemente sério, mas com graves consequências, a invenção do domícilio ou "colocação principal" do filho, um dispositivo que aquela Lei não previa de nenhum modo. Existe um desenho de lei que contempla o duplo domicílio para os menores e a manutenção direta por parte de cada um dos pais, sobre o qual, porém, a discussão legislativa se diluiu. Estudos significativos em nível internacional avaliam muito positivamente o duplo domicílio. Tais estudos, conduzidos com amplas amostragens, atestam que "crianças que vivem em regime de residência alternada têm um nível de autoestima superior em relação a crianças em residência monoparental. Evitar-se-ia, para algumas crianças, a produção de fantasias de abandono da parte de um dos pais. Habitar em duas casas significaria ter dois mundos de referência e não um só, conseguir colocar as diferenças no mesmo plano e apreciá-las, com uma vantagem ética e cognitiva. O pensamento contrário revela uma "total falta de idoneidade para com a saúde dos filhos um modelo que preveja que um só pai ou mãe (chamado principal) seja o ponto de referência permanente dos filhos" afirmando:

No balanço geral da saúde do filho é, com certeza, menos nocivo perder um pouco de tempo frequentando duas casas que perder a possibilidade de ter uma referência em ambos os pais. A proteção do menor é dada, portanto, não pela estabilidade logística (modelo de habitação de moradia junto de um dos pais), mas pela possibilidade de usufruir flexivelmente, no quotidiano, da presença responsável dos dois pais.

Até o momento, porém, o duplo domicílio é concedido apenas por meio de um acordo entre as partes e sob expressa requisição. Se é só uma parte que apresenta instância, não faltam peritos de tribunal, da outra parte, prontos a sustentar – contra essa posição – que o duplo domicílio não é de interesse do menor. Desse modo se destrói qualquer possibilidade de diálogo entre os pais sobre esta fórmula. Vale dizer, além disso, que na maior parte dos casos as pessoas que se separam nem sabem que o domicílio ou habitação principal não é expressamente previsto por Lei na guarda compartilhada, muito menos os consultores tentam evidenciar esse fato a seus clientes. Nesse estado de coisas, o pai ou mãe principal que queira prevalecer em relação às decisões que envolvem o menor tem toda liberdade para fazê--lo, em detrimento dos direitos do outro pai ou mãe. Aumentam, assim, os apelos, principalmente dos pais, ao artigo 388 do Código Penal italiano, causados pela alusão à obrigatoriedade de garantir o direito de visita, mas também aqui se faz vista grossa porque se supõe arbitrariamente que a mãe seja mais capaz de criar os filhos. Como consequência, aumenta o ódio entre os pais e a insustentável guerra entre os ex-cônjuges, alimentada pela discrepância entre lei e sentenças, entre justiça e discurso social.[4]

Essa breve excursão em âmbito legal faz com que se compreenda o quanto a nossa sociedade não acredita que um pai seja capaz de assumir seus filhos morando com ele. A esse propósito, nos vemos diante de um paradoxo: nos questionamos se um casal de homens pode criar filhos, e ao mesmo tempo pensamos – ainda – que um pai não possa cuidar dos próprios filhos. A menos que apareça alguém disposto a sustentar que os pais homossexuais, como categoria, saibam cuidar da prole melhor que os pais héteros.

O pai sozinho, separado e com filhos, é definido com um autêntico oxímoro: família monopa-

---

4 Mesmo no caso em que aquele que vive com a criança seja advertido, por uma ou por várias vezes, pode persistir sem nenhum problema na sua conduta: de fato, a Itália é o país mais sancionado pela Corte Europeia dos Direitos Humanos por sua falta de tutela do relacionamento dos filhos com os pais que não vivem habitualmente com eles. Além disso, o Decreto legislativo 154 de 2013, aderindo à prática dos tribunais, estabelece a necessidade que o menor tenha uma única "residência habitual" – usualmente a casa da mãe – contribuindo assim para o naufrágio do debate sobre o duplo domicílio. Com isso, legitima-se a figura do "genitor principal" e, na prática, esvazia-se o conceito central da lei 54/2006 sobre a guarda compartilhada, mesmo que esta continue formalmente em vigor.

rental. Uma família se institui com o casamento ou a convivência, portanto, prevê a presença de dois adultos. A família monoparental, por mais que o uso desse nome seja difundido atualmente, continua a ser uma contradição enorme, um pouco como certos oxímoros cômodos, instrumentais, surreais, úteis para dar impressão de normalidade a certas ideias insuportáveis, tais como "terapia de choque", "ética dos negócios" ou "fogo amigo". A denominação de família, de fato – mesmo depois da separação – deveria compreender, para a paz de todos, os pais originais, mesmo quando não vivem mais juntos, para alargar-se aos novos componentes. Chamar-se "família monoparental" é como não aceitar o estado de perda que toda separação comporta, sem conseguir confrontar-se com uma situação radicalmente mudada. A locução mais idônea seria *família separada* e teria a vantagem de compreender também o pai ou mãe "não principal". A monoparentalidade deveria indicar, ao contrário, o caso da viuvez em que não ocorre uma nova união. A palavra monoparentalidade é uma brutal exclusão cultural do outro pai ou mãe, mesmo quando o pai é excluído desde o início por escolha, como no caso das mães que por projeto excluem os pais biológicos, que se tornam apenas "doadores de esperma" [I]. Nas separações, acontece com frequência o contrário do que é recomendável nessas circunstâncias, ou seja, que dois adultos deveriam separar-se apenas como casal, mas não como pais. Em caso contrário, o pai ou mãe que vive com a criança ou a prole corre o risco de ser vivenciado como uma "sobra de família", segundo a impiedosa, mas lúcida definição de Giorgio, um paciente crescido em um núcleo monoparental junto a uma mãe que, mesmo não formalmente, excluía o pai nas raras palavras e nos muitos silêncios que impunha em volta da própria figura. Defender o conceito de família monoparental significa modificar, de forma sutil, mas radical, a definição de família que, em toda cultura, submete o laço biológico mãe-filho ao pacto cultural, a regras sociais. Não se pode nem mesmo justificar o apelativo de família monoparental baseando-se na ideia de que a presença dos filhos é suficiente para definir uma família, porque é justamente esse o sintoma de que sofre a família contemporânea – os filhos ocupam o centro absoluto da vida dos adultos – e seria melhor não fundar uma definição em um sintoma. É interessante notar que, como consequência, o aumento das separações entre cônjuges parece inversamente proporcional às separações mãe-filho: para as mulheres crescem as separações dos maridos, enquanto diminuem as separações dos filhos, mesmo adultos.

Naturalmente, este discurso não se refere a todas as mães, muitas das quais pedem ajuda para sair do "túnel", do "buraco" depressivo causado pelo peso da maternidade – esses são os significantes utilizados. Existe uma demanda excessiva pesando sobre as mães, principalmente de primeiro filho: já no hospital, depois do parto, as mulheres saem com um grande sentimento de culpa, caso não tenham certeza de estar sempre à disposição do recém-nascido. Seu pedido de ajuda testemunha o fato de que a mãe é a primeira vítima da inclusão primitiva.

Escutamos, desta vez com preocupação, o discurso de mães que não se recolocam como casal [2] declarando que, com esse sacrifício, podem dedicar-se completamente aos filhos. Essas mulheres não percebem que, através de uma lei inconsciente, todo sacrifício não requerido leva a exigir, sem querer, uma conta muito alta. A dedicação total de um pai ou mãe aos filhos pode levar ao efeito devastador de uma dívida perene para com o genitor que se sacrificou, condição que apaga nos filhos os impulsos de independência e de realização. Além disso, essas mães, sem saber, podem pesar fortemente nos ombros dos menores, obrigados a suportar a fragilidade que sua escolha muitas vezes implica. As mulheres separadas de hoje, resolvidas e independentes, comportam-se como figuras perdidas que pedem a um filho os cuidados que em outros tempos buscavam nos maridos. Existem mulheres modernas, plenamente realizadas e ativas que, diante de uma separação, transformam-se em viúvas bíblicas. A propósito, a Bíblia conta de duas viúvas de quem morre o filho: a viúva de Naim (Lucas 7, 2-16) e a de Zarepta (Primeiro Livro dos Reis 17, 17-24). Em ambos os casos – tratados maravilhosamente pela psicanalista francesa Françoise Dolto [3] – a ressurreição do filho morto relaciona-se com o fato de as mães serem viúvas. No primeiro conto, às portas da cidade encontram-se dois cortejos: um festeiro, que entra, o de Jesus; e outro fúnebre, que sai, acompanhando o filho morto da viúva de Naim. Jesus, dirigindo-se a este último, diz: "Rapaz, ressuscita", e o jovem se senta e começa a falar. Esse detalhe nos diz que Jesus faz ressuscitar o jovem não apenas na carne, mas principalmente na palavra, dá a ele voz, uma voz que tinha sido emudecida estando ele em companhia da mãe viúva: mesmo sendo o evangelho de Lucas escrito em grego, vale a pena ressaltar que em hebraico "viúva" é "almãnâ", e um dos significados dessa palavra – na mística as palavras são polissêmicas – indica uma mulher muda [4]. A mulher que não fala não está no lugar simbólico de transmissão, mas no lugar da Natureza, da substância absorvente, da Coisa, da mãe primitiva, da *cora*, da terra, do informe. Com seu gesto, Jesus atua como pai, porque dá ao rapaz um lugar de onde tomar a palavra, dá a ele voz ativa, em síntese, dirige-se a ele como sujeito e não como objeto da mãe, separando-o daquela "bolsa marsupial" que o havia assassinado. Assim, a passagem da morte à vida acontece por meio da palavra concedida pela função paterna de Jesus. Não é diferente no episódio da ressurreição do filho da viúva de Zarepta, realizada por Elias. Podemos imaginar que o sentido dessas ressurreições seja, para ambos os filhos, uma passagem do estado de criança para rapaz, cujo meio é a palavra. O "me dê teu filho!" que Elias diz à mulher ressoa como a palavra de um pai que separa a mãe do filho para que ambos possam viver: há um momento em que o filho é *da* mãe e outro em que o pai o pega e o leva simbolicamente ao mundo. Viúva da Bíblia é, metaforicamente, toda mãe que investe a libido inteira no filho, mesmo quando o marido não está morto e nem mesmo separado dela. Se uma mãe não continua mulher, se a sua maternidade apaga a sua sexualidade, se deixa de desejar o próprio cônjuge para concentrar-se no filho, fará desse filho o próprio marido inconsciente.

Continuando no âmbito dos contos sagrados – que nos interessam enquanto narrações populares –, toda mulher com estrutura edípica deve considerar a possível tendência a ver no próprio filho o filho do próprio pai. O pai do menino pode ser cortado fora e associado àquela figura de contorno que São José interpreta, enquanto o *verdadeiro* pai inconsciente do filho pode se tornar, incestuosamente, o idealizado pai da mãe, o avô. A Virgem Maria, em quem muitas mães se inspiram, teve um filho (Jesus) que lhe veio do próprio pai (Deus). Esta é uma configuração psíquica que se pode reencontrar durante uma separação: segundo uma casuística legal que vem crecendo atualmente, o avô se coloca em linha de frente com a filha contra o marido, tornando ativo o laço imaginário Deus Pai-Virgem Maria-Jesus. Os filhos das duas viúvas do conto bíblico passam, depois do milagre liberatório, do estado de bastão das mães ao estado de homens: antes estavam mortos, "sem respiração" (expirados e sem palavra), estavam no lugar incestuoso do qual o verbo de Jesus e de Elias os liberta. Eram como mortos em vida, com a sexualidade atrofiada, presas de um materno frágil, mas coercitivo. Os dois contos bíblicos nos dizem que quando os filhos são propriedade das mães não têm outro destino senão morrer. Como nos tempos antigos, ainda hoje muitíssimas mães viúvas ou separadas sequestram o filho macho – mas também a fêmea – e fazem dele simbolicamente o substituto do marido. Desertificam sua vida e seus amores; pervertem sua libido ou a anestesiam. Elias, conta a Bíblia, deita-se por três vezes sobre o jovenzinho para ressuscitá-lo: Françoise Dolto interpreta este gesto como símbolo dos três estágios de libertação do corpo da mãe: libertação da simbiose das mucosas da sucção, liberação do controle que ela exerce sobre os esfíncteres da criança, liberação do desejo que o corpo da mãe suscita em todo filho [5].

A família monoparental age com frequência como se se tratasse de uma viuvez, na medida em que é difícil distinguir uma da outra em nível de funcionamento interno. De fato, não existem denominações diversificadas entre as famílias monoparentais por viuvez ou por separação, fato gravíssimo porque neste último caso o marido não está morto. Mesmo que às vezes seja tratado como se não existisse: uma mãe que não falava com o filho de 12 anos há algumas horas, para satisfazer a própria urgência, fez com que o procurassem pelo megafone do clube onde estava com amigos e com o próprio pai, como se fosse um desaparecido. Vi com meus próprios olhos mães que acolhem as crianças que retornam de um fim de semana com o pai como se fossem refugiados desesperados, carentes de cuidado e de doses maciças de amor. Muitas mães pensam que seus filhos estão perdidos sem elas, mas não percebem que as crianças estão bem e que são elas que se sentem perdidas sem os filhos.

A família monoparental é portadora de um vírus: o do pensamento único. A questão crucial é, de fato, que em todas as famílias – clássicas ou separadas, reconstituídas ou alargadas, homossexuais masculinas ou femininas, que sejam ou não um casal, separados ou não – os pais devem ser ao menos dois. A formação de um menor não pode ser confiada a apenas um adulto; os pais devem ser ao menos dois para garantir que existam ao menos dois pontos de vista, ao menos dois estilos sobre como habitar o mundo. São mais de Um justamente para que não exista quem faça a lei para todos, um universal que se torne tirânico. Existem ao menos dois pais para instruir à diferença, porque é com a diferença que os filhos terão que se haver; e é a diferença que coloca o pensamento em movimento. Sem a diferença, a inteligência morre.

Parece que as crianças conhecem sem saber essa lei do *ao menos dois* porque têm a tendência inconsciente de arranjar pais ou mães a mais por causa do medo de ficar órfãs, ou elaboram a fantasia de substituí-los por outros mais nobres [6]. Esta é a raiz da grande tolerância das crianças para com as novas figuras adultas que entram em família: madrastas e padrastos são com frequência amados não apenas por suas virtudes pessoais, mas também por representarem um aumento dos pais de referência, uma garantia suplementar contra a orfandade e até um suporte às imperfeições dos pais naturais. *Ao menos dois*, de fato, significa até *mais de dois*, como acontece nas famílias reconstituídas onde a presença de madrastas e padrastos pode ser um precioso e inesperado dom de alteridade como a função dos avós – como também dos tios – pode acrescentar alteridade. E assim foi por muito tempo: os avós com suas casas de odores diversos, os bibelôs e as velhas fotografias expostas com as quais a criança pode fantasiar visualmente sobre a própria origem, seu tempo menos frenético, os passatempos mais antigos, a calma que dá segurança, um outro estilo, uma diferença para se relacionar com as outras. Hoje, porém, acontece de os avós estarem ferozmente alinhados com o próprio filho ou a própria filha contra o cônjuge, ou até que fomentem a separação não raramente com o objetivo não declarado, nem mesmo a si próprios, de angariar os netos e através deles reapropriar-se também dos filhos. Depois de uma separação, devido também à pobreza na qual decaem diversos pais, muitos homens voltam para suas mães. Um destes, depois da triste volta à casa natal – que no seu caso não era ditada por problemas econômicos – adoeceu gravemente por uma raríssima intoxicação viral; saiu vivo depois de meses no hospital, mas começou a engordar e a tornar-se flácido, demonstrando bem mais que sua idade, e exibindo uma face – nas poucas vezes em que saía de casa – na qual se lia a infelicidade. Ao contrário, a mãe do homem rejuvenesceu, até porque, a certo ponto, o neto foi viver com eles e era acompanhado entusiasmadamente por ela, uma ex-professora, em todas as atividades escolares e em suas tarefas.

A propósito de avós, o *co-sleeping* não acontece apenas com as mães: em um caso judiciário de separação sobre o qual me foi pedido um parecer, a avó tinha passado a dormir com o neto, quando os filhos estavam com o pai, o qual, por motivos econômicos, depois da separação tinha voltado para a casa de origem: era evidente que a organização das camas deveria ser revista. Os avós podem tornar-se regressivos. Desse modo opõem-se à figura de mediação que representavam até um passado recente.

As crianças precisam do múltiplo também na família não separada: por exemplo, precisam sentir que os pais estão interessados em outras coisas além do pequeno núcleo familiar, que têm um horizonte. Também o casal homossexual pode ser portador de alteridade, desde que entre os dois membros não funcione o princípio de identidade especular, mas permaneçam cultivadores da diversidade que o outro ser humano deveria sempre representar.

A *sobra de família* é o que soa em mono, sem estereofonia: é o grupo familiar que teme a polifonia. É a mãe que diz ao filho: agora eu existo para você, somos só nós dois, só eu estarei a seu lado para sempre.

MEU
FILHO
ME
ADORA

O recente filme franco-australiano *Adore*, lançado na Itália com o título *Two Mothers*[1], baseado no romance de Doris Lessing *As avós*[2], é uma história inquietante ambientada em lugares encantadores da Austrália: o filme conta o amor proibido entre duas mães amigas, Roz e Lil, e seus filhos adolescentes. As duas mulheres seduzem e são seduzidas cada uma pelo filho da outra: rapazes que as duas criaram juntas, por sua vez, grandes amigos. Um ninho de mães e filhos, sem pais.

As duas mulheres são amigas íntimas desde a infância: "As meninas lambiam o sal das mãos e dos braços, seus e da amiga, numa brincadeira que chamavam 'cachorrinhos' – eram, como se costuma dizer, amigas 'de pele'". Estavam sempre juntas, como irmãs, aliás, com frequência eram confundidas por gêmeas e, na época dos primeiros namorados, "nenhuma das duas era afeita às grandes paixões exclusivas, os corações partidos, os ciúmes": bastavam-se uma à outra, em um jogo de espelhos que não as inclinava em direção à alteridade de um novo amor. Casaram-se, enfim, simplesmente porque "os homens combinavam entre si e quando as mulheres se convenceram se celebrou um duplo casamento". Nos casais que celebram casamento duplo geralmente tem-se a impressão de não saber quem casa com quem, por exemplo, se a mulher se casa com o próprio marido, com o marido da amiga ou com a amiga mesmo. As duas

---

5 No Brasil, como *Amor sem pecado* (N. da trad.)

protagonistas ficaram grávidas com a diferença de uma semana uma da outra – coincidências do inconsciente – enquanto suas vidas continuavam seguindo o esquema da dupla de casais: "As duas famílias passavam os fins de semana e o tempo livre juntas, como uma grande família feliz". Até que o marido de uma delas precisou mudar-se para outro estado, por causa do trabalho, pensando que a esposa e o filho pequeno o acompanhariam, mas a mulher se recusou porque não queria deixar a amiga. O marido, despeitado, havia comentado: "Queria uma esposa, uma verdadeira esposa" e, assim dizendo, mostrou-lhe um vídeo que a videocâmera, deixada ligada por engano, tinha filmado algumas noites antes. Estavam gravadas cenas dos dois casais enquanto discutiam: o assunto era se os rapazes poderiam ir acampar com um amigo no fim de semana. A gravação mostrava inequivocamente que, na realidade, "eram as mães a falar, os pais poderiam nem estar ali... As mulheres falavam. De quê? Tinha mesmo importância? Olhavam apenas uma à outra, cada uma esclarecendo o próprio ponto de vista em um rápido bate-papo. Às vezes, os homens tentavam interferir, participar da discussão, mas as mulheres nem ao menos os escutavam, literalmente. A um certo ponto do vídeo, Harold se irrita e pouco depois também Theo, e ambos aumentam a voz, nem assim as duas os ouvem e quando por fim eles começam a gritar, insistindo, Roz os emudece com um sinal da mão". Em síntese, os dois cônjuges se separam e, pouco depois, o outro pai também sai de cena, vítima de um acidente de trânsito. "As duas mulheres, ainda belas, de novo juntas, como se os homens nunca tivessem feito parte do teorema" se reencontram sozinhas, em uma baía paradisíaca – as casas uma de frente para a outra – os dias indolentes passados sob o sol, com os dois rapazes que crescem belos como divindades: "Há um momento, um breve momento, mais ou menos aos dezesseis, dezessete anos, em que são circundados por uma aura de poesia. São como jovens deuses", cuja beleza nos deixa atônitos, como se fossem seres vindos de um outro planeta. Admirando sua beleza, as mães orgulhosas se olham incrédulas: "Sim, disse Lil. Fomos nós, fomos nós mesmas que os fizemos, disse Roz. E quem mais? Disse Lil". Dizem a verdade: ficaram grávidas no mesmo momento, e os filhos se tornaram – eles também, como as mães – parecidos como irmãos. Tudo acontece com os homens em posição acessória, usados para produzir (mas psiquicamente é uma partenogênese) o fruto que, uma vez crescido, as duas mulheres, após algumas dúvidas éticas superficiais, por fim permutam entre si. Acontece, de fato, que os rapazes se apaixonam, e são correspondidos, cada um pela mãe do outro, em um movimento especular que é o abismo do idêntico que se duplica: o jovem refém ama só o que a mãe ama – neste caso, a amiga – e com a mesma exclusividade. Não há escola de alteridade: amando a amiga da mãe, não amam nada além do prolongamento da mãe. E, realmente, o filho diz, a propósito da amiga da mãe, que "a sua primeira lembrança era dele lambendo o sal de seus ombros. Era uma brincadeira toda sua, de menino com a amiga de infância da mãe. Cada centímetro do seu corpo tinha sido acessível às mãos fortes de Lil desde o nascimento, e o corpo dela era tão familiar como o seu próprio corpo. Revia seus seios, pouco cobertos pela parte superior do biquíni, o fino extrato de areia cintilante na cavidade entre um e outro e o brilho dos grãos minúsculos sobre os ombros. Eu lambia o sal como um animal selvagem, murmurou". Trata-se de um gesto herdado, que foi transmitido completamente inalterado ao filho. O animal doméstico – a brincadeira dos cachorrinhos – saltando de geração, torna-se "selvagem": colhe-se aqui o aspecto primitivo, associado à animalidade, que liga o relacionamento carnal entre uma mãe, ainda que prolongado, e um filho, onde não intervém um terceiro a humanizá-lo.

O pretendente de uma das mães – um terceiro potencial – é liquidado de modo gentil e instantâneo, e nesta ocasião as duas mulheres pela primeira vez se colocam o problema do relacionamento com o externo, que começa a tornar-se embaraçoso. Uma das mães sugere aos outros três protagonistas deixar para lá e prosseguir suas vidas comportando-se em público o mais naturalmente possível. Ou seja, depois de ter expulsado o marido, as mães deixam de fora todo terceiro que possa interferir. A vida continua idêntica, as mães continuam a ir para a cama cada uma com o filho da outra. Nada muda até os trinta anos dos filhos, isto é, até o momento em que, sentindo-se envelhecer, as mulheres começam a empurrar os filhos, sempre apaixonados por elas, para os braços de duas seletas noras, bonitas, tranquilas e pouco perigosas. As jovens esposas rapidamente, e não sem razão, começam a lamentar-se por não sentir os maridos intimamente próximos. Uma noite, um dos dois grita, enquanto dorme, o nome da velha amante e se justifica assim com a esposa: "Não tem nada de estranho, eu a conheço desde que nasci, foi como uma segunda mãe para mim", e rapidamente enfia a face entre os seios dela, gemendo: "Oh, Hannah, não sei o que eu faria sem você"; mas nenhuma Hannah pode com uma mãe que se fez adorar.

As duas noras vêm da cidade para onde o pai de um dos rapazes – que tinha tentado ser pai também para o órfão – tinha se mudado em função de um cargo universitário e onde havia formado uma nova família e tido outros filhos. Esse pai – com um social e um privado adequados – teria tido as insígnias para poder fazer funcionar a metáfora paterna, mas não conseguiu porque os rapazes que dormiram com as mães permanecem, para sempre, das mães.

Um dos dois tinha tentado uma tímida rebelião ao programa criativo materno de acasalá-los com mulheres mais jovens: "Por quê? Qual o motivo? Somos perfeitamente felizes. Por que você quer estragar tudo?" Ou seja, fomos ensinados que é possível ser *perfeitamente* felizes na díade e agora por que não podemos mais ser assim? As mães não têm resposta para aquela pergunta, porque são mães que não promoveram uma separação. As duas mulheres não explicam nem ao menos que o motivo que as move é, em grande parte, narcísico: não querem ver os olhares dos jovens amantes perpassados por uma sombra de horror pela sua velhice que se aproxima. A seguir, as noras trarão ao mundo duas esplêndidas meninas de que as avós cuidarão enquanto as mães trabalham. O filme, de fato, se abre com uma cena na qual as avós, os dois filhos machos e as netinhas – todos com as mesmas cores, todos semelhantes entre si – estão sentados no bar da baía, em um quadro cintilante e idílico... ao menos até que veem chegar, subindo afoita a trilha, uma das noras, com a face atônita, segurando as cartas do marido à sua amante, isto é, à amiga da mãe, que acabaram de revelar-lhe o dramático segredo. A última imagem do filme de Anne Fontaine retrata os quatro ainda juntos depois do abandono das esposas que levam embora as meninas, e os congela do alto enquanto se esquentam ao sol deitados na sua plataforma-refúgio, no meio de uma tão esplêndida quanto claustrofóbica baía de forma uterina. O enquadramento final os mostra como se fossem crucificados nos eixos da balsa flutuante – a mesma de sempre, frequentada pelas avós desde pequenas –, colados para sempre, todos quatro, em uma única pertinência: aquela da origem.

O maltrato psíquico dos pais sobre os filhos, por amor excessivo, assunto deste livro, é evidente aqui através do processo de destilação literária. O pai ou mãe que se faz adorar abusa do filho, não o coloca em condição de viver sem a sua presença, tira o sentido de todas as suas outras relações, o mantém ligado a si mesmo sexualmente: "Faz parte da tarefa do outro que cuida conter o vínculo do filho, vigiar que não seja sexualizado, excessivo, cedo demais, intenso demais" [3]. Um pai ou mãe que se deixa adorar exercita uma forma de violência psíquica altamente sexualizada, mesmo quando não é atuada sexualmente.

A
MÃE
E
A
MÃE

Para algumas mulheres, ocupar-se de uma família pode se tornar um ótimo álibi para não enfrentar o complexo tema da feminilidade. Com a chegada do tão desejado filho, algumas mães deixam de lado também o papel de esposa, defendendo-se assim da perturbação do feminino [1]; encontrando um porto-seguro na maternidade, pensam ingenuamente que a sexualidade foi suprimida [2]. Ao contrário, a criança é acometida pelo corpo sexuado da mãe e precisa que ela a ajude a liberar-se dos sinais eróticos que encontra nele. Na maternidade pode acontecer a ilusão de deixar de fora o enigma da sexualidade porque a mãe é amada por um ser que a diviniza.

Nesse caso, a Mãe (com M maiúsculo) se define "a alto contato": dorme com os filhos, tomam banho juntos, nunca fecha a porta do banheiro, não possui mais uma intimidade própria, não tem mais relações sexuais adultas. Percebe-se acasalada com os filhos – é aquela que usa sempre o pronome "nós" ("nós preferimos este", "nós gostamos de verdura", "nós queremos aquilo") – criando uma união absoluta, impossível de ser atuada com um parceiro normal. O excesso de contato que uma Mãe (com M maiúsculo) pode provocar nos filhos é uma experiência de perda de si mesmo e das próprias fronteiras, confundidas com as fronteiras dela. Na Síndrome de Stendhal, vimos como se produz no sujeito esse tipo de *afasia*, de desaparecimento de si. Antes de continuar devemos, porém, esclarecer um paradoxo: já que a síndrome de Stendhal é ativada pelo detalhe de uma obra de arte, poder-se-ia questionar em que modo um objeto refinado pode ter a ver com aspectos destrutivos da natureza, pertencendo ao campo oposto da cultura. A arte é sublimação, construção simbólica, mediação, discurso, portanto, exatamente o contrário do imediatismo da Natureza; todavia, é também o modo pelo qual a pulsão encontra uma saída não sexual. A sublimação é um conceito delicado e complexo, tratado diversas vezes por Freud ao longo de toda a sua obra (parece que ele nunca ficou satisfeito com sua elaboração teórica) [3] e retomado por Lacan, que o submete a uma revisão. Para Lacan, a sublimação não consiste em uma pura superação das pulsões sexuais; o objeto erótizado mostra-se, ao contrário, bem no centro da obra, em anamorfose e elevado à dignidade da Coisa, no sentido em que mantém a sua potência de objeto abissal [4]: desse modo pode operar a captura do apreciador.

Em outros termos, no centro de toda obra de arte pode-se ver trabalhando a pulsão de morte. É este, na nossa opinião, o ponto fascinante da síndrome de Stendhal. Em situações particulares do apreciador, o contato com a obra de arte libera para ele um fragmento da Coisa nela inserida, contida em elementos formais que, para ele – por assim dizer – se isola, perde a âncora do quadro simbólico e se integra a um ponto exposto da sua psique. Stendhal descrevia alguma coisa similar a um ataque de pânico: a morte estava fazendo nele um ensaio geral. O sujeito se sente fisgado por um ponto de desorganização potente que o submete. Por um lado, ele volta a ser criança, sente o êxtase profundo do paraíso da mãe, mas por outro está aterrorizado, na medida em que percebe ter, naquele instante, retrocedido em total mercê do gozo dela. Teme – como antes – que a mãe possa, de repente, inverter-se de benéfica a maléfica: o seio bom torna-se mau, a poção mágica se transforma em maçã envenenada. Tal temor infantil está também na origem da potência de personagens como fadas e bruxas, que representam os dois lados da mãe que a criança não consegue tolerar juntos e que o artifício do conto de fadas lhe concede cindir para poder elaborar. Na síndrome de Stendhal é como se as duas figuras se apresentassem intoleravelmente unidas. É o momento-improviso no qual a mãe-crocodilo de Lacan [5] fecha as mandíbulas engolindo a criança e não há, ali por perto, nenhum pai que possa, com um bastão, manter as mandíbulas abertas [6]. No sofrimento do ataque de pânico o homem é abatido por um sentimento oceânico, de absorvência em um fundo que o assimila. Trata-se de uma experiência de sublime (não de sublimação) e de abismo. E, diante do sublime, como ensina Kant [7], o homem é fulminado.

O "assim como te fiz, te desfaço" é uma ameaça comum das mães e é eficaz porque, em nível inconsciente, a criança sente que o amor da mãe é também destrutivo. O genitor tipo Mãe-Natureza não aceita a própria ambivalência e crê poder dar apenas coisas boas ao filho (só o seio bom):

não quer saber nada da duplicidade estrutural da própria função de quem cuida. Escolhendo às vezes ficar de fora da atividade profissional, e em contraponto às outras mães que querem poder realizar-se também ao externo da família, essa Mãe se comporta como se o universo materno que oferece à criança fosse, em cada íntima fibra, de infinita bondade. A sua maternidade é uma mística do Um, esquecendo que Maria – que é um ícone de referência para algumas dessas Mães – não era possessiva nem invasiva com seu filho (que, de fato, parece ter conseguido fazer grandes coisas).

A Mãe-Natureza não reconhece a delicada e porosa borda entre o bem e o mal nos cuidados maternos, nem o fato de que o amor demais flerta continuamente com o ódio. É uma figura com certezas indiscutíveis, enquanto da Natureza ao medo é um passo: o que leva diretamente às mães *grizzly* teorizadas por Sarah Palin [8], aguerrida política norte-americana: estão prontas a disparar cegamente, mesmo contra inimigos inexistentes, para proteger seus filhos. As mães-urso apelam à natureza esquecendo que as verdadeiras mães naturais, as mamíferas, podem chegar a assassinar os filhotes menores, se houver muitos para alimentar. A Mãe (com M maiúsculo) é absolutamente convicta de sua missão para com o filho. É ativa nas associações e nos blogs de mães "verdadeiras", felizes de serem apenas mães, que catequizam as outras sobre como preparar em casa as papinhas com alimentos saudáveis ou como curar as crianças com remédios exclusivamente naturais, nutrindo o florescentíssimo mercado que subsiste das suas inseguranças e de seus excessos de tratamentos naturais a alto custo. Algumas delas têm uma horta urbana ou fabricam elas mesmas o detergente para lavar as fraldas em casa, imaginando-se paladinas do não crescimento.

A mãe (com m minúsculo) é a Outra mãe, a mãe simbólica, que não abre mão da sua feminilidade e faz referência a um terceiro também na relação de cuidados para com o filho, âmbito no qual tem, sabiamente, mais dúvidas que seguranças. A Mãe é o reino do Um, enquanto a feminilidade é continuamente confrontada com o Outro, que não é apenas o parceiro e a sociedade – porque o Outro habita o gozo mesmo de uma mulher, gozo que Lacan definiu justamente como Outro gozo [9]. O gozo feminino, diferentemente do gozo da mãe, não dá poder e é misterioso para a própria mulher. Suplementar ao gozo fálico, masculino, não funciona, como este último, segundo um regime de culminância e descarga, mas é um gozo difuso, ondejante, alguma coisa da qual nem ao menos uma mulher saberia dizer a fundo até que o experimente: é algo fora da linguagem. Implica uma quota de passividade e uma atitude não possessiva.

Vale sustentar a mulher na mãe, porque a mulher vem antes que a mãe: o seu mundo erótico em direção ao parceiro é o ponto central para que o masculino (ou a alteridade expressa em qualquer gênero) não seja evacuado da família. Existem mães – as Outras mães – que ainda gozam de seu ser mulher; são talvez um pouco acrobatas, mas não ficam em casa quando descobrem estar grávidas, trabalham, conservam relações e amizades, levam uma vida adulta e sentem ainda prazer em sair com o parceiro. São aquelas que conseguem criar os filhos envolvendo os pais e outras figuras preciosas, como tias, avós, baby-sitters; mães que não se creem o único universo bom para sua criança. São aquelas que batalham mais, que são menos claustrofilizadoras, mas também menos reconhecidas na santificação da maternidade. Contudo, não se deve acreditar que a Outra mãe seja salva de uma vez por todas do mar barrento do materno. A poesia "A dupla imagem", da poeta Anne Sexton é testemunha; falando à sua filha Gioia, ela escreve: "Eu que nunca tive certeza / de ser fêmea precisava de uma outra / vida, de uma outra imagem para me lembrar. / E foi esta a minha mais grave culpa: tu não podias curá-la / ou diminuí-la. Te fiz para encontrar-me." [10]

Geralmente, nenhuma mulher é segura de ser fêmea e nos toca viver com essa incerteza. O feminino é um impossível que se refere a todas nós: toda mulher é exposta à alteridade perturbadora que a concerne, radicada em um erotismo pouco administrável que, estruturalmente, exprime-se em modo mais ambíguo que no masculino, para o qual a ereção do pênis e a sua intumescência constituem os sinais de uma simplicidade a nós desconhecida. [11] A dialética entre mulher e mãe que habita todo ser feminino é obscura. A única clareza é que a mãe não é assexuada, principalmente não o é para seu filho. A criança encontra a mãe primeiro como mãe, mas depois, com sorte – em um trauma necessário –, como mulher, enquanto a mãe encontra a criança já como mulher sexuada, é o que diz o psicanalista Angelo Villa [12]. Portanto, a mãe que pensa ser "só" a mãe rescinde a sua ligação com o aquilo que a constitui como sujeito dividido, ou seja, a própria sexualidade, deixando-a carregada de uma onipotência imaginária. Impõe, assim, à criança, um ideal de dedicação que a machuca, inaugurando um maltrato. Em suma, o sacrifício materno opera em um regime de perversão, porque subtrai à criança a experiência estruturadora do trauma necessário.

A Outra mãe, ao invés, é uma funâmbula que não flerta com o absoluto, que tolera a própria imperfeição e pode assim amar também a imperfeição dos seus afetos. Não é uma mãe ideológica: o indizível do feminino não pode senão ser estranho ao fanatismo.

A obsessão pela bondade da natureza está presente também no modo algo delirante com que se tratam, hoje, os animais domésticos; mesmo sendo amiga e proprietária de cães, acho irritante, no parque, escutar outras mulheres que, falando entre si, definem-se "mães" do animal. As relações com os animais domésticos são menos ambivalentes que um laço mãe-filho; são livres de conflito, como diz Freud [13]. Hoje, ao contrário, está florescendo uma demanda de dependência inclusive no âmbito cinófilo, onde se selecionam raças construídas para ser ainda mais dependentes e sustentar, assim, o narcisismo humano. Uma mulher, especialista em cães, contou-me que seu cão a seguia a todo lugar, até no banheiro; dizia não ter escolha, porque, quando não o fazia, ele se comportava de maneira auto-lesiva, batendo a cabeça nas paredes e ferindo-se. Amar o fato de que outro ser dependa de nós não é desassociado à nossa necessidade de dependência. A dependência pode atingir contornos delirantes: correu o mundo a notícia de três mulheres, uma mãe e duas filhas de 30 anos, que viviam junto com... oitenta carcaças de cães, gatos, fuinhas, veados, galinhas e pássaros, guardadas em três pias e em geladeiras desligadas. "Eram parte da família, não conseguíamos nos separar delas!", justificou-se a mãe diante da opinião pública [14]. Esse caso de psicose familiar, que se desenvolve em modo imensurável em torno ao fantasma da impossibilidade de separar-se de todo ser que entre em família, ilustra o quanto o reino da natureza, desancorado de qualquer outro pressuposto, é incompatível com o homem.

O
MAIS–MATERNO

Os filhos são um bem. Já era assim na época arcaica, enquanto força de trabalho e esperança de sobrevivência. Hoje, o filho corre o risco de tornar-se um objeto de fruição e – como as mercadorias que circulam – um bem de gozo. O filho como força de trabalho é uma ideia que nos causa arrepio, mas não nos aterroriza o nosso uso dos filhos como objetos de *mais-de-gozar* [1].

O filho como força de trabalho não era pensado como forma de pura exploração, porque na sociedade pré-capitalista a lógica do trabalho não era a mesma. Marx, no capítulo quinto de *O Capital*, sustenta que, na produção pré-capitalista, através do trabalho o homem produzia a si mesmo [2]: realizava assim uma mudança de forma na natureza, inserindo nela a cultura – um saber operativo – e, coisa essencial, era perfeitamente consciente deste processo. Em uma organização social similar, a *mais-valia* estava ausente porque aquilo que era produzido era consumido e, assim, a estrutura mantinha-se idêntica. A sociedade pré-capitalista reproduzia a si mesma: no término do ciclo de trabalho, tudo retornava à situação de partida. O capitalismo, ao contrário, introduz uma novidade que é a variável do excesso – do sintoma, poderíamos dizer – representado pela *mais-valia*, aquele elemento, portanto, que muda o objetivo do trabalho: o homem não produz mais apenas si mesmo, mas também riqueza. Tal mais-valia é ligada a um *mais-valor* que tem se tornado, na época atual, *mais-gozo*: a determinação do valor de uma mercadoria não é mais ligada à qualidade da matéria e ao índice de trabalho que a transforma, mas é estimada, principalmente baseando-se em parâmetros aleatórios, relativos ao gozo imaginário que provoca. A fenomenologia do hiperconsumo funciona incitando o excesso de gozo, destruindo desse modo a distância entre objeto de gozo e objeto de desejo. A mais-valia – o capital – isto é, o ganho do patrão, o valor daquela parte de trabalho a mais não retribuída ao trabalhador e contida no valor da mercadoria é o homólogo ao *mais-de-gozar* de uma mercadoria cujo parâmetro de cálculo econômico permanece incerto, aleatório, mas não por isso menos real. O *mais-de-gozar* provém da mercadoria fetiche – um objeto que simboliza um *status* imaginário, uma identidade postiça – e incha desmedidamente os parâmetros da riqueza e do poder [3].

Uma economia homóloga do excesso está também na base do caminho sintomático da família contemporânea: um funcionamento que chamaremos o *mais-materno* [4]. Nesta economia das relações, pensa-se poder eliminar sem consequência o primeiro tabu, aquele que proíbe a mais-valia de gozo entre pais e filhos. No centro de todo mercado, até do mercado sanitário, existe uma tendência a assegurar essa exorbitância de apagamento: "No hospital me disseram que, se eu parar de amamentar aos quatro meses, perderei o verdadeiro gozo", diz Sara, uma jovem mulher incerta sobre qual comportamento adotar. Sustenta-se que, se a mãe goza, também o filho é beneficiado, mas essa ideia sem critério se apoia na deturpação da natureza do gozo, que não é só prazer, mas inclui sempre uma dimensão mortífera. Além disso, não é levado em conta que a demanda de seio da criança é infinita, portanto, o seu pedido não pode ser a bússola para o comportamento da mãe, porque "a voracidade da libido infantil não tem limite" [5].

Definimos *mais-materno* a forma pela qual a função simbólica materna é substituída por aquela simbiótica, em que um limite é substituído pela lei arbitrária da carne. A *claustrofilia* familiar funda-se no *mais-materno*. O domínio do ventre é próprio do pós-capitalismo: prometer que se pode ter tudo, melhor se entregue diretamente em casa, para ser consumido entre quatro paredes. No regime familiar do *mais-materno* – de um materno como poder desregulado – perdeu-se toda a leveza, a inteligência, a criatividade do feminino, conquistada com tanta luta pelas feministas dos anos passados. Na ênfase colocada hoje no nome da Mãe, não existe distância, não existe ironia. E quando "os nomes dos parentes são sem ironia, não existe outra coisa que morte anunciada". [6] O *mais-materno* transforma mães sábias em Eríneas simbióticas [7]. Vale a pena sublinhar que a primeira simbiose com a criança é absolutamente necessária e que com frequência são as próprias mães que, consciente ou inconscientemente, rejeitaram a criança a tentar depois uma "recuperação" exagerada e fora de tempo. Uma jovem paciente, falando da mãe, diz: "Quando eu era pequena, a incomodava muito, ela não suportava a minha presença perto dela, mas agora fica em cima de mim, me sufoca, não me deixa respirar e se opõe ao fato que eu procure uma casa só minha".

Uma das formas que o *mais-materno* contemporâneo adota é a mística do leite. Causou discussão a *foto-choque* publicada na capa da *Time* – em ocasião do dia das mães – com a manchete "Você é mãe o bastante?" [8], que mostra uma mulher, seguidora da teoria de William Sears [9], enquanto amamenta um menino de mais de três anos. A foto chama a atenção, com uma espécie de fascinação equivocada; como todas as atrações hipnóticas, contém um horror mais ou menos secreto, como sugere um dos comentários que apareceram na internet depois da publicação dessa imagem: "Adoro esta foto do jeito mais nojento possível". O nojo e o desconcerto que podem capturar o leitor diante dessa imagem evidenciam que o retrato não propõe uma atitude de cuidado, mas evoca um jogo erótico impróprio. Existe a exibição da infração de um tabu e, portanto, de um abuso, isto é, a realização no gozo de um desejo que não é, estruturalmente, jamais realizável. A mãe da foto conta ter sido, ela mesma, amamentada até a idade de seis anos: o abuso se repete, o adulto ama no mesmo modo em que foi amado.

Donald W. Winnicott sustenta que a mãe, no início, pode fornecer a *ilusão* de que o seio seja parte da criança, mas depois deve ir desiludindo-o gradualmente [10]. Se, ao contrário, ela mesma se crê parte da criança e crê que a criança seja uma parte dela, se no lugar do seio como *ilusão* necessária para o pequeno, a mãe o coloca como *real* para ele, supondo que seja o seio real a dar sentido ao relacionamento e não o seio enquanto lugar de projeções imaginárias da criança, não permitirá que seja fácil para ele destacar-se e desejar novos objetos. A esse ponto, a própria capacidade imaginativa e protossimbólica da criança é passível de lesão. Além disso, o destaque do seio não será a separação de uma ilusão necessária, mas de uma substância que causa dependência – coisa muito mais difícil de superar – e de alguma coisa que, mãe e filho tratam como *realmente* indispensável [11]. A díade mãe-criança é um ambiente-criança: a mãe existe enquanto ambiente, enquanto fornecedora de cuidado. Se a mãe não aceita ser um lugar de projeções para a criança, um sonho, uma ilusão, vai sufocá-la em um excesso de real.

Um dos modos mais terríveis com que o *mais-materno* exprime a própria intolerância à castração – a qual, nessa lógica, seria igual para todos – é o compartilhamento da cama, o *co-sleeping*, ao qual nos referimos no primeiro capítulo. Ao dormir com a mãe, a criança satisfaz o seu desejo de possuí-la – desejo que tem a ver com crianças de ambos os sexos – e assim o desejo, que é um recomeçar infinito, seca. Exaurir o Édipo é exaurir a força mesma que o mantém em vida. Os pais "apaixonados" pelos próprios filhos realizam o Édipo e o tornam inoperante. Se continua inconsciente, impossível, o Édipo funciona como bússola e orientação: funciona exatamente porque é proibido. Se, ao contrário, torna-se operativo, faz esvanecer.

Numa noite de verão, durante as férias, com música e dança na praça, vi no meio da pista de dança uma bela mulher, nem tão jovem assim, que apertava com mãos amorosas, movimentos sensuais, olhos lânguidos, expressão extasiada e olhares cúmplices uma mocinha que, mesmo timidamente, correspondia. Num primeiro momento, no escuro, pensei que fosse um casal homossexual que dançava; depois, a pessoa que me acompanhava, e que as conhecia, revelou-me que eram mãe e filha. A cena, de início perturbadora pelo seu caráter erótico, depois da revelação do laço de parentesco me pareceu francamente desagradável. Esta é a época em que o Édipo declina, sim, mas enquanto tabu; na realidade é mais difundido que nunca, só que Édipo não se cega mais por ter dormido com a mãe [12]. O complexo de Édipo, diz Lacan, "não é unicamente uma catástrofe [no sentido de que a criança é apaixonada por um objeto impossível], posto que [através da renúncia deste objeto] é o fundamento e a base da nossa relação com a cultura" [13]: se este não funciona mais – porque não é mais um *complexo*, mas algo autorizado – até o nosso relacionamento com a ética e a cultura se desagrega e, assim, como dizem Deleuze e Guatarri no "Anti-Édipo": "a mãe pode sentir-se autorizada a masturbar o filho. O pai pode se tornar mãe". Exatamente a nossa época.

No tempo de Freud, era tabu falar da sexualidade da criança, porque se pensava que cada pequenino fosse uma espécie de anjo. Freud precisou defender muito a própria descoberta sobre a intensa corrente pulsional infantil. Hoje, esse conhecimento é tão parte do senso comum que as pessoas se sentem quase legitimadas a esquecê-lo com um "pufff" ou um dar de ombros, colocando em ato um esquecimento culpabilizado reservado ao seu descobridor, não obstante as inesquecíveis palavras de Thomas Mann sobre Freud. Mesmo que o futuro reconfigure ou modifique este ou aquele resultado das suas pesquisas, pensava Thomas Mann, as interrogações que Freud colocou à Humanidade nunca mais poderão ser silenciadas; todos nós não poderemos nem menos imaginar o nosso mundo sem a sua corajosa obra [14]. Comportando-se como se o erotismo infantil não existisse, alguns pais se asseguram nas suas (eternas) crianças. Os pais que dormem com o filho não veem que os abraços do filho não são de amor "puro" em direção a si, mas de pulsão erótica em direção ao corpo dos adultos. De fato, se ao pequenino acontece de dormir com uma outra pessoa que cuida dele – babá, tia, nova namorada do pai – pode adotar o mesmo comportamento de abraços amorosos, que não seriam portanto ditados pelo amor aos pais, mas obedecem a uma pulsão intrínseca à criança. A renegação da sexualidade infantil é, no fundo, uma defesa do pensamento da criança como ser animado por pulsões autônomas. Na verdade, é ali mesmo que a criança começa a pensar: as suas primeiras conjecturas partem de perguntas sobre as diferenças sexuais e sobre como nascem os bebês. Evitar a questão sexual, central para todo Sujeito, significa evitar um dos principais motores do pensamento.

Hoje, aumentam os eventos de procriação sem sexo: será que ao dissociar o tema da procriação da sexualidade esta última estaria ficando menos interessante? Procriar fazendo sexo faz do nascimento um mistério. Para uma criança, a própria origem continuará a ser um enigma – isto é, o quarto fechado onde mamãe e papai fazem coisas misteriosas que a criança tentará compreender – será que a explicação de um processo químico sem pulsão silenciará fatalmente seu pensamento? Como vai elaborar a questão do corpo se a sexualidade é separada da procriação, isto é, colocada fora do campo desde o princípio?

Não é possíve pensar senão partindo do próprio corpo, sustenta Freud, porque "desejo de saber e curiosidade sexual são inseparáveis" [15]. Mas se o corpo do filho é tomado como refém pelos pais, como o filho poderá pensar? O *mais-materno* que se exprime dormindo com a criança produz um verdadeiro ataque à sua inteligência futura, à sua perspicácia, à sua capacidade inventiva. Uma criança cuja curiosidade sexual é apagada não desenvolve conjecturas, ideias, pensamentos. "O saber, para cada um de nós, é irresistivelmente ligado ao modo como fomos capazes – ou incapazes – de separarar-nos da mãe da nossa Infância" [16], de nos afastar da *substância* da mãe e da mãe como substância. Analogamente, as solicitações contínuas a que nossas crianças são submetidas – uma agenda lotada de cursos e lições em função do hábito tão moderno de não deixá-las em paz, entendiando-se um pouco – surtem o mesmo efeito daquele excesso que satura o desejo. Para juntar as ideias que as experiências fazem surgir, para juntá-las, precisamos de uma pausa, de espaço físico e mental. Se, ao contrário, cada tempo da criança, até o tempo privado do sono, é ocupado pelo outro, o pequeno fica sem espaço para elaborar. A *claustrofilia* que gera tamanha falta de ar e de horizontes poderá, assim, marcar as futuras experiências do adulto que pedirá ao outro – ao parceiro ou ao amigo – para saturá-lo, preenchê-lo, tratando-o como um grande seio sempre à disposição.

O *mais-materno* é contato erótico: a mãe é um ser sexual e entre os seus prazeres está também o gozo difuso da pele. O contato, para a sexualidade feminina, tem uma cota elevada de sucesso, não finalizado exclusivamente ao crescimento do desejo, mas também à sua satisfação. É o *plaisir d'enveloppe* [17], o prazer cutâneo de sentir-se abraçada, do contato da pele, um prazer que com frequência as mulheres pedem ao parceiro e que muitos homens custam a compreender, sentindo-se até um pouco incomodados: mas não por isso caberia a um filho satisfazer tal prazer. Dormir com os filhos é ato erótico, tóxico, e não de amor. A mãe que o faz se justifica pensando que a coisa seja boa, já que agrada seja a ela, seja à criança, mas o gozo não pode ser, claro, o primeiro indíce de avaliação, principalmente na transmissão que devemos a um ser que trouxemos ao mundo.

A mãe que, na própria cama, substitui o companheiro pelo filho está comunicando que é este último o verdadeiro parceiro para ela, e o coloca no circuito da repetição abusiva. Se o trauma é o que não é possível dizer porque não encontra palavras, o que pode existir de menos articulável que um abuso *gostoso* perpretado pela mãe? Nessa visão, algumas notícias de jornal pouco precisas começam a ficar mais claras, como aquela do rapaz de Forlì [18] que, em vez de ficar para dormir com a própria namorada, como tinha anunciado, volta para casa de madrugada e, encontrando um homem na cama com a mãe separada, tenta apunhalar ambos, por sorte sem conseguir, porque o parceiro da mãe consegue chamar a polícia que desarma o rapaz.

Um filho que dorme com a mãe é legitimado a colocar-se, fantasmaticamente, no lugar do amante, de quem reinvindica a posse da mãe. O gesto louco desse filho faz alusão a uma ligação exclusiva, que o levou a reclamar a propriedade intocável. A mãe que dorme com o filho planta uma semente perversa no seu futuro. Do livro *A pianista* de Elfriede Jelinek, já citado a propósito dos pais-Pigmaleões, trazemos uma das cenas que preparam a tragédia final: a perda de razão da filha, Erika. Mãe e filha compartilham tudo, inclusive a cama; um dia brigam porque Erika, desobedecendo ao desejo materno, se entretém sexualmente com seu apaixonado estudante. Então,

a mãe já espreme o cérebro pensando nas terríveis consequências para a sua vida em comum, consequências que a aterrorizam: por exemplo, que Erika possa ter uma cama própria! Erika deixa-se levar pelo seu afã amoroso e a cobre de beijos. Beija-a como há muitos anos nem imaginava fazer[...]. Afinal ela é carne desta carne! Desta placenta flácida. Aperta repetidamente os lábios úmidos na face da mãe e a mantém estreita em seus braços em uma mordida feroz, para que não possa defender-se [...]. Sua boca tenta esquivar-se da boca provocante de Erika [...] Erika suga e aperta este grande corpo como se quisesse novamente arrastar-se ao seu interior e colocar-se em segurança. [...] A mãe não sabe defender-se desta tempestade de sentimentos que vem da fúria de Erika em direção a ela, e que, não obstante tudo, a enche de orgulho. De repente, se sente de novo cortejada [...] Erika afunda os dentes na carne de sua mãe e fica grudada nela, que a empurra, palpando-a [...] Erika continua a jogar-se sobre a mãe com uma fúria satânica de beijos [...] Não é mais considerada como mãe, mas como pura carne. Erika perfura a carne da mãe com os dentes. Continua a beijar e beijar, beija a mãe selvagemente. Esta considera uma porcaria o que a filha está fazendo, ela perdeu qualquer autocontrole. Mas não adianta nada – são decênios que ninguém a beija daquele jeito e ainda não terminou! Agora é beijada com ardor renovado até que, no fim de mais uma série de beijos, prostrada, fica quase deitada em cima dela.

Esse trecho, fruto da imaginação de Jelinek, revela com violência o que é selado na prática do leito compartilhado entre pais e filhos. Claro, vê-lo atuado por uma filha não mais menina é aterrorizante, mas dá a medida da potência sexual inserida na experiência do sono compartilhado. Sublinhamos que quando são os próprios filhos a pedir para fazer tudo junto com os pais, estão pedindo, simbolicamente, algo como entrar no coito deles, estar dentro da cama deles: "fazer as coisas juntos" é fazer alguma coisa que toma, fantasmaticamente, o lugar do sexo.

Carlo, um homem jovem que dormiu com a mãe até os treze anos, era vítima de uma impotência que lhe tornava impossível a vida com a mulher que amava. Seu sono era perturbado por contínuos pesadelos eróticos nos quais possuía a mãe por trás, exatamente a posição em que dormiu perto dela por anos. Os homens não podem gozar do corpo do qual sai o próprio corpo, do contrário, não terão acesso à própria dimensão sexual. [19]

O *mais-materno* encontra na nossa época outro momento tópico de expressão: o do parto. Seguindo um difundido ritual que não desdenha o macabro, a web hospeda milhares de vídeos de partes íntimas, tomadas em close, gravados inclusive por videomakers professionais contratados exatamente para o grande evento. No plano da exibição narcisista, não estamos longe das mocinhas que testam sua capacidade de sedução compartilhando na web filminhos pornô caseiros. Existe um mito em torno do parto, como demonstra a história de Milena, mulher que já não é jovem, e que, depois de duas cesarianas, insistiu em querer um terceiro filho para experimentar a "alegria" do parto natural. Porém, não é ali, na sala de parto, que uma mulher se torna mãe, mas na difícil, e nada natural, tarefa de educação e de crescimento.

Tem sido difundido na Itália o ritual do parto em casa, como se fazia tempos atrás: é preciso prestar atenção nesse pedido, porque cedo ou tarde o atenderão, mesmo que seja para economizar nos gastos sanitários. As sacerdotisas desse novo culto são algumas obstetras fanáticas, muito bem pagas para organizar o "seu" parto sob medida, reunidas em grupos de poder que santificam a dor do parto como dor "distinta" e promovem doutrinas como o parto orgásmico pela presença simultânea de dor e prazer, realçando o poder da vagina: "A sensação desagradável é que se esteja jogando um jogo sujo em cima da barriga das mulheres" [20]

Algumas mulheres, no momento do parto, escolhem não revelar o nome do pai, mesmo quando o parceiro reconheceria o recém-nascido, porque na realidade desejam um filho, não como projeto de casal, mas como objeto-presente a si mesmas; são mulheres independentes que não confiam mais nos homens, com frequência ausentes, ou por sua vez ainda filhos demais para não se assustarem com a paternidade [21]. Mulheres jovens admitem, como se fosse a coisa mais natural do mundo, procurar um companheiro só para fazer um filho. *Quero um filho e nada mais* é o título de um *reality show* holandês em que as mulheres escolhem o homem ideal para a doação de esperma [22]. Uma advogada de direito de família me contou ter ajudado um casal a passar em todos os testes para a adoção, apesar de um relatório não totalmente positivo do Serviço Social. Acrescentou, porém, ter se arrependido muito porque, logo que obtiveram a criança, a esposa pediu imediatamente a separação, para *gozar* sozinha o bem tão desejado. No Paquistão, o show *Amaan Ramadan* – sete horas ao vivo durante os dias de jejum do Ramadan – é conduzido por um célebre apresentador, um híbrido entre *sex symbol* e sábio religioso, que oferece prêmios em troca de respostas exatas a perguntas sobre o Alcorão. Durante o programa, crianças abandonadas foram oferecidas a alguns casais como prêmio. Apesar da polêmica, a ONG que colabora com o programa defendeu a iniciativa [23]: este episódio demonstra, do modo mais extremo, o quanto a criança é hoje um objeto de *mais-de-gozar*, uma mercadoria, a ponto de ser oferecida como prêmio.

Os adultos que se mostram tiranizados pelos pequenos fingem, mas na realidade gozam: amam ser invadidos pelo filho. A atenção excessiva atribuída nas famílias aos requisitos infantis – induzida socialmente por programas que mostram exauridos todos os pedidos dos pequenos consumidores – encontra espaço naqueles pais que temem apostar em uma vida adulta. Um filho é cada vez mais desejado como um tipo de antidepressivo. O que poderiam transmitir um pai ou uma mãe assim, senão a tendência a usar o outro, como eles mesmos usam os próprios filhos?

Outro nó atroz da atividade do *mais-materno* é a confidência secreta, utilizada principalmente pelos pais separados que não desejam que o filho fale ao ex-cônjuge da vida que levam juntos. Se a transmissão é um ato simbólico fundado em um pacto, este é sistematicamente manipulado nesta prática comum, que torna a criança cúmplice de um segredo. No mais, o anunciado "será o nosso pequeno segredo" é também a frase que o pedófilo sussurra no ouvido da criança abusada. Os segredos não são nunca conservados e as crianças acabam por revelá-los sempre, por exemplo, na brincadeira. Mesmo quando não são ditos, vazam no comportamento, nos atos falhos e em silêncios eloquentes. As confidências que um adulto faz a uma criança, que sentido podem ter? A pessoa não espera, claro, um conselho do menor: o que faz é agregá-lo a si, torná-lo camarada das próprias escolhas e frustrações. Os filhos, hoje, sabem demais dos pais, conhecem inumeráveis detalhes de sua vida relacional e conjugal que, porém, não são fruto de curiosidades normais e descobertas, como deveriam ser. Os filhos nos observam muito, sabem muito de nós, e o nosso "contar" excessivo pode fazer desaparecer neles o desejo de elaborar hipóteses com base em suas análises espontâneas. A mãe "amiga" não é mais que uma mãe adolescente e indecente. Cada vez que um adulto precisa compartilhar uma confidência secreta com um menor, entramos no campo do abuso que, de fato, requer cumplicidade: quando acontece de escutar um menor em quem falta a natural ambivalência em relação aos pais, quando fala bem demais de um ou de outro, melhor ficar em guarda porque o menor está pronto para defender, com espada em punho, exatamente o pai abusador [24]. Ele não sabe que é um abuso: como qualquer criança, é confiante e aberta ao adulto. Podemos estar na ordem do abuso também diante de algumas crianças perfeitas demais, com ótimo rendimento escolar:

as crianças-soldadinho que querem satisfazer uma economia perversa do desejo dos pais. Quando um pai quer incluir os filhos fazendo-os aderir à própria visão de mundo, aliena-os a si mesmos. A alienação indica o resultado da expropriação do fruto do trabalho por parte do patrão: ato particularmente grave porque realiza a cisão entre o homem e o que ele cria. A alienação paterna pauta-se nessa modalidade patronal, uma forma de relacionamento psíquico singular que um pai ou mãe pode colocar em ato, seja como casal, seja como pai separado ou que tenha a guarda do filho. Esta forma de abuso nem sempre é escutada nos tribunais, tanto que a Sociedade Italiana de Neuropsiquiatria Infantil sentiu-se obrigada a formular um documento oficial sobre o tema da alienação parental. [25] No caso de uma criança, julgado na província de Pádua [26], por anos a mãe, depois julgada alienante, pôde se opor à aplicação da sentença do juiz que confiava o menor ao pai. Mas existem também sinais de reconhecimento do novo fenômeno com a introdução de hipóteses inovadoras. Em Ferrara, uma mãe foi condenada em última instância a três anos (três e meio para o avô e dois para a avó também envolvidos no caso) por um comportamento hiperprotetor em relação ao filho de seis anos [27]. A "mãe malvada" instaura com o filho uma relação simbiótica e manipulativa, sem distância, permeada de pactos secretos – mesmo não explícitos – e demandas excessivamente altas. Atrás do rendimento escolar de perfil elevado do menino de Pádua, escondia-se a sua tentativa de levantar uma cortina de fumaça que protegesse a mãe abusadora. É particularmente importante compreender as questões da alienação parental inseridas no *mais-materno*, porque o desejo devorador da mãe é sempre e de todo modo um lugar onde cada sujeito se agarra; é incluído no seu próprio papel, não é um dado fenomenológico, mas estrutural.

O papel da mãe é o desejo da mãe. É uma incumbência capital. O desejo da mãe não é algo que se possa suportar assim, como se fosse possível ser-lhe indiferente. Comporta sempre estrago. Um grande crocodilo, na boca do qual vocês estão – esta é a mãe. Não se sabe o que ela pode pensar de repente para querer fechar as mandíbulas. Este é o desejo da mãe [28].

Talvez não seja supérfluo sublinhar que mãe-crocodilo e mãe-narciso são modalidades equivalentes do *mais-materno*: ambas sequestram o filho, ambas o alienam em si. Todas duas operam no plano da exibição – outra característica pós-capitalista –, seja quando contam vantagem do filho-falo, seja quando falam das medalhas que lhe seriam devidas pela peleja que é cuidar de uma criança. O narcisismo é apenas a forma que tomou hoje a mãe-crocodilo, cujo gosto de assimilação permanece, com novas vestes.

Com o advento do *mais-materno,* o "queridinho da mamãe" está, mais que todos, em perigo. O tempo no qual o social, com a sua tela, indicava-lhe que alguma coisa estava errada, acabou. Agora, o "queridinho da mamãe" não encontra nenhuma barreira ao orgulho pela preferência concordada e não percebe seu âmbito insidioso. Nenhuma criança queria ouvir-se chamar de "queridinho da mamãe": o reconhecimento como tal, no grupo de pares, era ameaçador. A definição era reservada aos incapazes, aos molengas, àqueles que eram considerados um pouco bobos. "Queridinho da mamãe" é, hoje, uma locução quase de prestígio. Fizeram até um jornal, dedicado às mães, com esse nome [29].

"Os queridinhos da mamãe" são todos os filhos a quem não se pede nem um mínimo de colaboração na organização prática da vida familiar: não devem realizar nenhuma tarefa doméstica, nenhum pequeno serviço à comunidade, são relegados a um limbo de inatividade e preguiça que não lhes transmite o gosto pelo trabalho bem-feito. Certamente, depois de tê-los criado tão dependentes, não se confia neles. Como consequência, os filhos conhecem sempre menos o valor das pequenas coisas a fazer que a vida requer, com o conhecido resultado que o espaço comum da casa é com frequência invadido pelos brinquedos ou roupas das crianças, largados sem lógica nem ordem. A tarefa que cada membro da família assume o responsabiliza e o define, testa sua competência e melhora o seu sentido de pertença – não tanto à mãe, mas ao próprio grupo. Isso o ajudará na socialização, grande drama da criança de hoje: a adaptação nas creches é cada vez mais lenta e problemática; paradoxalmente, uma sociedade em muitos aspectos traumatizante, não tolera o trauma da separação, o mais útil de todos.

No caso dos filhos "inseridos" na sociedade e que talvez tenham obtido visibilidade e reconhecimento, o discurso social atribui tudo à mãe, como se fosse ela a grande "autora". Para cada filho famoso assumiu-se o ridículo costume de entrevistar a mãe gloriosa: as mães dos pseudocampeões da atualidade – de um Balotelli, por exemplo, ou de um Valentino Rossi, e inclusive de um Berlusconi – são exaltadas nos jornais como "criadoras" daquelas maravilhas.

Os laços de parentesco são fatos de ódio e não só de amor, mas o discurso atual não quer saber de separá-los: a linguagem é cheia de "papais" e "mamães," mas pobre de mães e pais. Tornaram-se um fenômeno de contágio as efusões públicas, como os beijos na boca entre mães e filhos, até nos que não são mais crianças, exibidos inclusive nas redes sociais, nas quais, para dar outro exemplo, são publicadas com orgulho as fotos do jantar do dia dos namorados, com velinhas e corações, feito com o próprio filho ou filha, com um aplauso geral de comentários que elogiam o "verdadeiro" amor. O péssimo costume de usar o enunciado *te amo* entre pais e filhos gera confusão nas relações. É verdade que em algumas línguas não existe diferença entre "eu gosto de você" e "eu te amo", mas a língua italiana prevê uma distinção e o escorregão semântico não pode ser casual. Quanto à confusão dos papéis familiares, foi muito desconfortável escutar um pai que, falando da filha de cinco anos, definiu-a sem ironia como "a mulher mais importante da minha vida": os pais também podem ocupar a posição do *mais-materno*. O amor entre amantes e aquele pelos pais são desiguais e não é interessante utilizar as mesmas palavras. A linguagem não é uma simples função do homem, um objeto de uso e de comodidade; a linguagem é o que nos constitui enquanto seres humanos, isto é, falantes [30]: somos feitos de linguagem e por ela podemos ser destruídos. Confundir linguisticamente o amor filial com o amor por um homem ou por uma mulher empobrece a vida amorosa dos filhos, que passam a acreditar que esta deva necessariamente parecer com aquela familiar, esperando do amante, como consequência, prestações ambíguas de tipo paterno.

É nítida a conexão entre o gozo da mãe e o atual mal-estar da civilização: também o social – como o *mais-materno* – privilegia gozos hipnóticos e tóxicos que mantêm os sujeitos impotentes e dependentes como recém-nascidos no seio capitalista.

O discurso da Mãe (em maiúsculo) é o novo discurso do Patrão e o *mais-materno* é o sistema em que se exprime. Exatamente como tempos atrás um excesso de repressão era inserido na função patriarcal, hoje a nova opressão é o *mais-materno*. A Mãe como patrão é perigosa porque a máscara da ternura e o mito do amor incondicional são elementos que ocultam seu poder, mas a estrutura da relação de poder não muda, mesmo mudando o patrão.

MÃES CONTRA MÃES : A VIOLÊNCIA NO CÊNERO

Nem todas as mães se sentem confortáveis na ditadura do *mais-materno*: muitas delas advertem um mal-estar no relacionamento com outras mães. Viraram rotina telefonemas entre adultos para confrontar as notas dos filhos ou, o que é pior, para interferir nas brigas que acontecem entre as crianças, com o não raro e igualmente ridículo resultado de famílias inteiras contagiadas pela mazela. Há mães profundamente incomodadas com esse sistema de relações, mães que não usam os filhos como falo e que podem acabar virando objeto de perseguição por parte de mães dominantes. São atitudes difusas que colocam mães contra outras mães e que revelam a fragilidade da irmandade feminina, trazendo sérias dúvidas sobre a solidariedade de gênero entre mulheres. O discurso sobre a violência *no* gênero feminino, a violência do feminino contra o feminino, é um assunto ainda tabu entre as próprias mulheres, porque pouco conhecido ou então porque, quando reconhecido, pensa-se que seja melhor não tocar no assunto para não enfraquecer a luta da frente feminina. A desconfiança e um obscuro sentimento de traição minam as relações femininas. Um laço longo entre mulheres é difícil; com frequência é sujeito a reviravoltas imprevistas porque reflete laços estruturalmente perturbados entre mãe e filha, no qual se confluem sem parar amor e rivalidade, ódio e adoração, em uma luta que torna o gênero feminino particularmente feroz, principalmente contra as outras mulheres. A malevolência da mulher sobre a mulher não é algo episódico ou esporádico; tem uma base estrutural que deriva de componentes de sedução/traição, absorvência/encantamento que atravessam as relações mãe-filha. Uma armadilha que se repete com frequência na idade adulta e que corrói a suposta bondade de base do feminino, que encontraria expressão em uma "natural" irmandade entre mulheres. Quando as mulheres entram em conflito entre si, geralmente se opta por pensar, um tanto ingenuamente, que se comportem "como machos" ou que sejam mulheres com pouca consciência feminina, mulheres que brigam pelo amor de um homem ou pelo controle de seus bens. A violência entre mulheres é algo difícil de exprimir, de aceitar, até por causa da potência devastadora que geralmente a acompanha. Todas nós, provavelmente, já assistimos à parábola de amigas indissoluvelmente íntimas que acabaram num ódio feroz. Uma fúria de destruição e de aniquilação que impressiona também pela modalidade particular: não agem, de fato, sobre o plano material, mas sobre o plano sutil da difamação profunda, utilizando inclusive a revelação pública de detalhes íntimos e "queimando o filme" da outra mulher, de modo a arruinar sua vida sem sujar as mãos [1].

Com relação às mães, a luta é entre mães perfeitas, em casa com os filhos, e mães que trabalham, ou então entre mães e não mães, ou ainda entre as mães-ex-esposas e as novas companheiras do ex-cônjuge, isto é, as madrastas, que talvez tenham um bom relacionamento com os filhos do parceiro. Neste caso, principalmente se a madrasta não tem filhos biológicos, não é raro que seja definida como uma "ladra de crianças".

A violência entre mulheres em família não é recente: noras e sogras (aqui também velhas mães contra novas mães), irmãs e primas têm sido protagonistas, desde sempre, de histórias violentas. Um elemento, porém, mais afim ao tempo atual, é a violência que se desenvolve em relação à *identidade materna,* no confronto entre mães que se medem e se aferem *enquanto* mães e que têm como centro a questão sobre quem seja a melhor, a mais perfeita ou a "verdadeira mãe". A *identidade* é oposta à *identificação*: esta última é móvel, segue o curso da vida do sujeito, modelando-se segundo as variações produzidas pela escuta do inconsciente, enquanto a identidade possui uma fixação mais parecida à máscara que ao resultado de um trabalho íntimo – na identidade o Ego incha, enquanto o Id se atrofia.

O feminino, que é distinto do materno, funciona por *identificações parciais:* nós nos tornamos mulheres de identificação em identificação, com ajustamentos e retificações contínuos, através de um trabalho que nunca termina e que acompanha uma mulher ao longo de toda a sua vida, sem certezas. O "o que quer uma mulher?", pergunta capital colocada por Freud [2] não possui uma resposta unívoca e segura. Tornar-se mulher, para cada uma, é uma aposta sem garantias e, principalmente, é um percurso solitário e individual, porque não existe algo que se possa definir como *identidade feminina*. A feminilidade é um enigma [3], até para uma mulher. Mais que idêntico, o feminino é plural [4]. Cada mulher modela sua feminilidade singularmente, colhendo traços inconscientes das diversas mulheres que encontra na vida e assumindo-os a seu modo, em um quebra-cabeça poliédrico, contraditório e, às vezes, perturbador, porque na edificação do feminino há um resto que permanece ambíguo e inexprimível. Cada mulher faz a sua travessia sozinha e isto não é nada confortável. Assim, não é de se estranhar que muitas mulheres caiam na tentação de reconhecerem-se sob a identidade forte da mãe, sem compreender a diferença inconsciente entre as duas posições. Tornar-se mulher é um esforço do qual algumas tentam escapar por meio de uma identidade pronta, funcional, potente, que se beneficia do aplauso social, enquanto sabemos que o discurso comum é particularmente suspeito em relação à multiplicidade do feminino. Ter um filho não redime uma mulher do trabalho infinito que o feminino requer.

A identidade não é, para uma mulher, uma boa aliada, mas uma simulação que lhe sufoca a riqueza. A identidade é parente do Um, enquanto só é possível tornar-se mulher em um modo plural, de Outro modo.

FAMÍLIAS
VIOLENTAS

Tanto o filho refém como a mulher vítima de violência doméstica são "amados" por alguém que os quer enquanto objetos de gozo. A questão implícita em todas as variações da Síndrome de Estocolmo é que o carrasco aparece para a vítima como o único capaz de oferecer refúgio e proteção. A mulher vítima acredita na lei perversa de um cônjuge que a maltrata: é sob o signo da crueldade que chega a acreditar ser amada. Rachele, uma mulher que sempre teve homens controladores como a mãe, a propósito do último, que era inclusive violento, dizia: "Se ele bate em mim, baterá também em quem me fará mal; no fundo, ele me ama e me defenderá". A mulher tinha entrado em um dispositivo de cunho mafioso, no qual ele lhe oferecia "proteção" em troca de submissão. A questão crucial, eludida com frequência, é o fato de que as vítimas de vínculos tóxicos oferecem a seus carrascos um consentimento inconsciente que torna pouco incisivas as intervenções jurídicas e sociais a seu favor. A hipótese que levanto é que uma família inclusiva, sustentada pela lei do *mais-materno*, destina um filho a procurar parceiros com quem instaurar laços tão abissais quanto aqueles que existiam no abuso doméstico. As vidas dos filhos revelam o traço violento escondido às vezes sob a superfície da família claustrofílica. O modo de amar de quem nos amou primeiro é destinado a ser repetido, não só porque é a única forma que conhecemos, mas principalmente porque, desse modo, as vítimas podem, em certo sentido, absolver implicitamente as figuras amadas na infância; e na réplica do "mal amor" podem dizer a si mesmas que, se todos fazem assim, é normal que seja assim. Um dos mecanismos de defesa do sujeito submisso, de fato, é minimizar o mal sofrido: quem se ocupa de vitimologia revela a ambiguidade da vítima, as suas reticências ao reconhecer ser objeto de abuso. Tal comportamento – chamado *coping*, em termo técnico – indica uma série de estratégias de defesa que vão desde o recalque do evento traumático à sua amnésia, à minimização, ou então ao assim chamado *go and stop* , isto é, a decisão de ir embora, chegando a fazer todos os preparativos para depois, no fim das contas, ficar. Como se toda vez fosse o ensaio geral de uma estreia com um resultado assaz incerto. Outra forma de cumplicidade é a estratégia da vítima que desloca a atenção do abuso sofrido à fragilidade do parceiro, "considerando que ele, como uma criança, deva ser protegido, ajudado a crescer e a superar os próprios problemas, inclusive os que acabam em maus-tratos". A compreensão pelo torturador se apoia sobre o fenômeno não raro pelo qual "o ofensor, sucessivamente ao abuso, cobre a vítima de novos cuidados e atenções: isto acontece no âmbito do relacionamento de casal, mas também com relação a uma criança maltratada pelo próprio pai ou mãe" [1]. A lei que normatiza a violência doméstica se refere a *todos* maus-tratos familiares – sejam entre parceiros sejam entre pais e filhos – que podem se manifestar também *apenas* sabotando as oportunidades de trabalho ou educativo-formativas da vítima, isolando-a social e afetivamente" [2]. O fato de a segregação imposta pelo genitor inclusivo e o fenômeno do parceiro violento entrarem, ambos, num âmbito regulado por lei, é uma conformidade que explicita, inclusive em nível social, a coincidência estrutural inconsciente entre ambos.

Os homicídios em família estão aumentando percentualmente, mesmo com a diminuição dos homicídios na sociedade: em 2010, aconteceram na Itália dez homicídios em família por mês (dados Eurispes 2010). Quanto à distinção de gênero dos assassinos, não há um sexo maculado por crimes "piores" que o outro: em família, os homens matam principalmente as mulheres e as mulheres matam principalmente os filhos. Dos dados Eurispes 2010, sabemos que os infanticídios também estão em visível aumento. Em 2010 foi cometido um infanticídio a cada 20 dias. Um ano antes, a cadência era de um a cada 33 dias e, em 2008, de um a cada 91 dias.

A nossa tese é de que infanticídio e feminicídio compartilham de uma raiz similar: são causados por sujeitos que não conseguem perceber o outro como separado de si. As mulheres que matam seus filhos pensam em protegê-los de um destino atroz como o seu e estão convencidas, erradamente, de que os filhos não podem ter uma sorte diversa. Se, por exemplo, foram abandonadas pelo marido, creem que também os filhos o serão, sem distinguir a si mesmas deles nem considerar que um mau marido não é necessariamente um mau pai; se um homem não as ama mais, nem por isso deixa de amar os filhos. Essas mulheres não conseguem estabelecer uma separação entre si mesmas e os filhos, entre o que receberam e o que eles receberão. O filho é carne de sua carne: não creem que a cultura, a relação ou a linguagem possam ser mais fortes que a natureza.

É o drama de Medeia, que mata os próprios filhos para não entregá-los a Jasão que, sustenta, não será um bom pai: assim como a enganou, os enganará também. Medeia, teoricamente, sabe que com Jasão e Creusa seus filhos poderiam ser, para todos os efeitos, gregos, isto é, poderiam gozar de alguns direitos que o fato de ter uma mãe bárbara como ela – no sentido de não grega – os impede. Sabe que Jasão, acolhendo-os em seu novo casamento, os resgataria das limitações jurídicas que os acometem e que os filhos teriam assim uma existência mais segura; sabe, mas não quer saber: não que Medeia não queira dar um futuro melhor aos seus filhos; está simplesmente convicta de que não podem viver sem ela, porque no palácio – ela tem certeza – teriam um destino marginalizado como o seu. A mãe assassina é uma possibilidade que o ser humano inconscientemente contempla, da qual, imaginariamente, tira-se a potência revestindo-a das vestes da madrasta que envenena no conto de fadas ou então, por meio de um dispositivo oposto, mas similar, instituindo na religião figuras femininas potentes, erigidas como barreiras ao temor da potência devastadora da mãe primitiva: "Será a Virgem Maria uma versão proveniente do fato de que as crianças não ignoram que uma mãe possa ser uma assassina?", pergunta-se com argúcia o analista Marcel Czermak [3]. O não reconhecer a ambivalência no cerne mesmo do amor gera as maiores ilusões e as mais graves consequências. No inconsciente não existe contradição: amor e ódio estão juntos; por isso escutar o inconsciente nos leva a desconfiar dos universalismos. Na questão do homicídio de mulheres, por exemplo, por que falar de um abstrato homicídio de gênero? O homicida quer assassinar *aquela* mulher, não enquanto mulher – gênero abstrato – mas *ela mesma*, com o seu corpo, o seu cheiro, os seus gestos, a sua sexualidade. Exatamente *aquela*, particular e única mulher que, por suas características, ocupa nele um lugar psíquico do qual não consegue renunciar. Não é um ataque ao gênero, ao universal, porque saindo de casa não agrediu a primeira mulher que passava, mas feriu aquela única mulher a que, imaginariamente, via associada à própria existência em modo simbiótico. A questão implicada no homicídio de mulheres não é o gênero, mas, como no infanticídio, é a dependência.

Sem querer entrar nas estatísticas, constatamos que existe também um dado menor, mas não insignificante, de violência em família contra os homens, tanto que na França e no cantão alemão da Suíça existem centros antiviolência dedicados a eles, fenômeno ainda opaco e "subestimado por causa das dificuldades – ainda maiores que para as mulheres – de denunciar a vitimização que se concretiza no abuso psicológico e emotivo, na exploração financeira, na falta de cuidados e de atenção, no abuso sexual. Mais raramente, mas de todo jeito presentes, encontram-se atos de violência física, ameaças, destruição de coisas que tenham valor para o sujeito" [4]. A questão do outro como propriedade transcende o gênero. Talvez não seja inútil recordar que na violência sexual não há nada de sexual, assim como o delito passional não é uma questão de paixão. Não é para gozar de uma mulher que um homem a violenta: é um ato de apropriação agressiva, é afirmar uma possessão ou um direito de guerra do vencedor sobre a mulher do vencido, imaginada como *propriedade* do inimigo. É para restabelecer a sua propriedade que um homem agride a sua mulher, mesmo que seja a propriedade daquilo que será reduzido a cadáver. O gozo secreto da dupla simbiótica parece ser destruir o outro para viver por sua conta, fazendo dele um objeto de uso cujo consumo faz com que se sinta existir. O esquema se refere àquele inclusivo: a ligação doentia de um genitor consente ao adulto viver às custas do filho, sentir-se vivo somente se ele lhe está próximo; para não viver sozinho e abandonado, usa-o e o consome como uma mercadoria para manter-se ativo e jovem; uma droga, um elixir. Tornando-se adulto e tendo sido degradado, o filho continuará a fazer-se objeto do outro, ou então tentará consumir o outro como os pais fizeram com ele.

Não se deve subestimar o fato de que a vítima entregue a sua fragilidade ao agressor obtendo "fazer-se amar", mas também dominando-o, segundo a famosa dialética senhor-escravo, na qual o primeiro acaba por submeter o segundo justamente por causa da posição servil assumida que o torna indispensável ao outro: o indissolúvel laço sadomasoquista é profundamente instalado.

Mesmo que necessário, não basta enfrentar o tema das mulheres vítimas de violência doméstica no plano social e cultural sem considerar as raízes inconscientes que as levam a tolerar por tanto tempo as agressões. Não conseguir separar-se dos pais pode significar não conseguir separar-se jamais de um parceiro destrutivo, se com ele parece ser possível retomar aquele mundo que, mesmo infernal, de dois consegue fazer Um [5].

A sociedade – que não quer nem saber do inconsciente – oferece às mulheres, como primeiro socorro, algumas indicações comportamentais para individualizar os parceiros que poderiam tornar-se violentos. Isso é muito útil, mas não vai à raiz inconsciente do problema. Uma mulher deve, claro, saber que o parceiro perigoso é aquele que define unilateralmente as regras da relação, que é ciumento além da conta e que exercita um controle estreito, que a intimida psicologicamente, que quer fazê-la sentir-se sempre em culpa para poder dominá-la e que tenta isolá-la do mundo: um elenco que – percebemos, não sem um arrepio – poderia ser o mesmo para o pai ou mãe grudento, possessivo, simbiótico. Oferecer às mulheres decálogos de comportamento dos homens violentos tem sua utilidade, mas é preciso levar em conta que uma mulher apaixonada pode não reconhecer no seu homem essas condutas perigosas. Trata-se de um elenco que coloca em paz a consciência social, mas que não toca o ponto crucial. Melhor saber que o inconsciente feminino está pronto para aceitar tal intrusão do outro, se esta é familiar. Uma mulher vítima de violência me diz: "Não sei mais quem eu sou, sem os socos dele eu não sou nada". Afirma a psicanalista Marie-Charlotte Cadeau:

> As mulheres que sofrem nas mãos de parceiros violentos precisam acreditar na potência do outro. Aliás, em sua onipotência. E estão dispostas a acreditar e a sustentá-la a qualquer custo. Mesmo ao custo da vida. O outro que mata chega a uma tal potência a ponto de tornar-se divino e a mulher assassinada entra neste jogo do divino [6].

Nas mulheres que continuam a ser objeto de abuso existe a ideia de que possam resistir ainda uma vez, e outra ainda e mais e mais antes de pedir ajuda, acreditando não apenas na onipotência do parceiro, mas também na sua própria.

A escuta que a análise pode oferecer ao discurso da vítima consiste, antes de mais nada, em não reconhecê-la na sua posição de vítima: a análise opera diversamente do discurso social que promove a organização das vítimas em associações, coisa que pode ter sua utilidade, mas tem a desvantagem de fixar a vítima na sua identidade de vítima. É preciso, ao contrário, acompanhá-la rumo a uma desvitimização, para que não fique estigmatizada e prisioneira desse papel [7]. Apenas se é reconhecida – em transferência – não mais como vítima, pode modificar a sua posição subjetiva, mas só depois de ter atingido o ponto no qual a sua estrutura subjetiva tem uma conexão com aquela da vítima e de ter encontrado aquele significante do qual deriva o seu próprio desconhecimento. Desvitimizar é chamar o sujeito à responsabilidade das conivências inconscientes que provêm da própria história e, principalmente, do esquecimento do próprio desejo. Todo sujeito é *responsável* pelo próprio desejo e a sua única verdadeira culpa é prescindir do próprio desejo, diz Lacan [8]. Desejo que não é necessidade, pulsão ou apetite, mas demanda, que no fim das contas é sempre demanda de amor. Abrir mão do próprio desejo é trair a si mesmo; é aceitar que o outro com quem se tem um compromisso traia o pacto estabelecido, que não faça a sua parte [9]. Aquela parte, aquele papel não atuado, que traem tanto o parceiro abusador quanto os pais inclusivos e, não em menor importância, as vítimas de ambos.

As famílias inclusivas são violentas, mesmo quando não escorre sangue, na violência ordinária da claustrofilia doméstica. Carla, uma mulher de trinta anos, empenhada em sair da fusão familiar, conta uma briga com o pai, contrariado por não ter sido colocado a par das várias fases de sua crise com o namorado, mas ter sido informado só depois de ela ter decidido deixá-lo. Então, o pai, para quem o namorado da filha – pouco ameaçador e muito semelhante a ele – era perfeito, bateu-lhe a porta na cara dizendo: "Pra mim você acabou, terminou!" com um curioso movimento de identificação com a filha que tinha *terminado* com o namorado. Depois de três horas, porém, mandou-lhe uma mensagem em que escrevia: "Você é o centro da minha vida". Ambos os enunciados paternos parecem pouco adequados a uma relação pai-filha. A moça, recordando o passado, disse: "Ele renunciou a tudo de importante por mim. Quando eu tinha dois anos, precisou fazer uma escolha dolorosa e escolheu a família. Penso que queria se divorciar. Ele renunciou a uma parte de si e sente que eu lhe devo alguma coisa. Exige, sem saber, que eu faça qualquer coisa por ele". O que Carla deve ao pai? Talvez estar com ele (através do namorado parecido) como ele esteve com ela e a mãe, renunciando à própria vida. O pedido impróprio do pai é um relacionamento de reciprocidade com a filha, completamente fora de lugar: o que um pai ou mãe fazem por um filho não pode, nem deve ter nada a ver com o que o filho fará por ele. Ser pai ou mãe é algo que se deve aceitar como um mau negócio. Melhor saber desde o início que existe uma data de validade para ser pais, que os filhos tornam-se homens e mulheres e que é ótimo que precisem de nós o mínimo possível! A história de Carla nos diz ainda alguma coisa mais ampla: a exigência de que os filhos *nos contem tudo*, em uma paradoxal coerção ao diálogo; não é que *podem* dizer tudo, não, *devem* fazê-lo. A obrigação ao diálogo tomou o lugar da obediência à autoridade de antigamente. Outra mulher, Giulia, também trancafiada em uma família que incluía inclusive os seus amigos, conta ter ido ver uma instalação do artista argentino Tomás Saraceno, *On Space Time Foam*, na qual se flutuava quase sem peso em grandes bolhas de plástico transparente. Durante essa experiência, foi tomada por um sentimento de pânico por ter se sentido como em um grande útero, do qual não conseguia sair. "Pensei: não consigo levantar-me para sair, fui englobada. Pânico". No ataque de pânico, o Ego é sugado por um *tudo* (pânico vem de pan, "tudo", em grego) que o absorve. A criança à mercê do outro está no indiferenciado: o sujeito está ainda por vir.

O TRABALHO
DO
PAI

A família é o reino do materno; em toda família e qualquer que seja o gênero que o encarne. Por isso todas as famílias correm o risco de ser inclusivas, porque incluir é próprio do materno. Se falta um pai que intervenha para *secar* [1], ou seja, para introduzir o princípio da diferença sexual com um ato que diga "esta é a minha mulher", o casal principal, que caracteriza a família, torna-se aquele mãe-filho, isto é, a dupla *unívoca* que funda o traço *mais-materno* da família contemporânea. Lacan coloca a evaporação do pai em relação com o sinal dos tempos que, para ele, é a Segregação [2], isto é, a multiplicação, em todos os níveis, dos recintos. Assim o *claustrum* como *castrum*, o fechamento como fortaleza contra as diferenças.

Se o pai evapora é porque sua mulher evaporou: no ser menos mulher na mãe. A mudança de "ser de um homem" para "ser de um filho" não parece um grande progresso para uma mulher: o quarto todo seu de Virginia Woolf, não obstante todas as autonomias materiais conquistadas, parece ainda longínquo, ao menos no plano inconsciente, que é o que realmente conta.

O que existe então para além ou aquém desse tipo de Mãe? Existe uma mãe em minúscula que passa ao filho a referência inconsciente do próprio laço erótico e amoroso com o pai, ou seja, que dirige a sua sexualidade ao parceiro, uma mãe em conexão com o próprio ser mulher. Uma mulher singular que faz funções de cuidados particulares e sempre parciais, finitos, não uma Mãe universal cujo cuidado é um absoluto indiscutível. Existe uma mãe com m minúsculo cuja sexualidade não é para a criança, a qual aceita, assim, a incompletude do amor com um parceiro adulto.

Fui testemunha de dois episódios que relato, não porque particularmente clamorosos, mas pelo motivo oposto, isto é, porque pertencem ao quotidiano, atualmente às margens da obviedade. Sentada perto de mim em um trem, viaja uma família composta de mãe, pai e filho adolescente; o pai é italiano, a mãe é brasileira e fala com o filho na própria docílima língua, cortando fora o pai. O homem compreende o idioma, mas a dupla mãe-filho utiliza uma linguagem tecida com os *restos* da língua materna, uma língua íntima, privada, feita de risinhos e prosódias que só os dois entendem. Utilizam, de fato, a *lalangue* – neologismo de Lacan –, ou seja, aquela língua íntima entre mãe e recém-nascido, a língua antes da linguagem, em parte inventada e altamente prosódica, onomatopéica e carregada de afetividade que estrutura o psiquismo da criança desde o início. Restos dessa língua permanecem, em idade adulta, na língua dos namorados, isto é, exatamente aquela com a qual a mãe e o filho adolescente se isolam por horas e horas em um trem cheio de gente. Os dois, por outro lado, diferentemente do pai, que olhava tristemente para fora da janelinha, eram de "língua materna", ancorados na língua de origem sem aparentemente sentir a necessidade de passar a uma linguagem compartilhada que não excluiria o pai, o qual, diante daquela língua "fofinha" estava evidentemente incomodado. No mesmo dia, no trem de volta, duas mulheres sentaram-se à minha frente, uma mãe e a filha de mais de vinte anos.

A mãe diz à filha: "Ah, venha morar perto de mim, assim a mamãe, de noite, em vez de ir à casa da vovó [sic!], vai à tua casa". A filha, com um sorriso, responde: "Obrigada, mas dispenso". Eu, aliviada, penso "menos mal". Porém, um momento mais tarde, a filha põe-se a cochilar nos braços da mãe, com o nariz no sulco de seus prósperos seios, talvez mitigando o sentimento de culpa por ter declinado a sua oferta de intimidade.

No quadro atual do *mais-materno* simbiótico, qual é o espaço que um pai pode tomar para depositar um traço nos filhos? Se a mãe tende a deixar um seio inteiro para eles, o pai deve voltar a deixar um sinal. Desorientado e confuso, um pai pode partir do seu corpo, que no humano não é nunca só isso, mas é sempre um estilo inconsciente. Fala-se com frequência do corpo da mãe, mas pouquíssimas são as referências ao corpo do pai. A lei do pai – aquela que separa a criança da mãe e o faz passar de objeto a sujeito – é encontrável não só na função de nomeação, mas, a meu ver, nas suas mãos que constroem e ajustam coisas; nas expressões da sua face mais falantes que um sermão; no cheiro que fica nas suas coisas, mesmo quando não está. Fiquei impressionada com uma jovem que, no discurso fúnebre pela morte do pai, fino intelectual e editor, contou ter ficado por muito tempo sentada na sua escrivaninha entre as canetas e os papéis para reencontrá-lo no cheiro do seu escritório.

A voz é outro traço significativo do corpo de um pai: uma mulher em luto pela perda do seu me confidenciou ter encontrado grande alívio escutando gravações de sua voz. A voz é a música produzida por um corpo, é a história de cada um que se faz prosódia: na voz se encontra a unicidade de cada um; não existe um timbre igual a outro [3]. A voz do pai atravessa (*seca*, em latim), como o seu sexo; é grave e afetiva ao mesmo tempo; como o seu corpo sexuado conhece as alternâncias genitais de um pênis ereto ou em repouso. Não fazemos, claro, referência ao pai-nosso drogado de narcisismo que não reconhece a própria falta, que é um análogo do absoluto da Mãe. O pai a que queremos fazer referência não é nem menos o pai frustrado, que fica em seu canto e que, subjugado, renuncia à sua função de transmissão; e não é também aquele que imita a mãe, ou que aceita ordens dela. Entendemos, ao contrário, por *pai genital*, aquele que não é nem simbiótico nem exageradamente fálico, aquele que aceita a moderada frustração que nasce do encontro com a realidade, que consegue transmitir uma medida. Esse pai ensina que a vida é alternância e respiração entre gratificações e desilusões; passa ao filho a ideia de que as insatisfações podem ser transformadas, aceitando-as parcialmente. Falamos de um pai que tem um corpo, mas que não faz dele um espetáculo. O seu corpo fala a língua da distinção do abismo, da legitimidade do lugar de onde toma a palavra; não é um pai anônimo, sem lei, *anomos*.

O papa que deixa o pontificado não é um pai derrotado. É um pai que dá um sinal: o que fazer se falta a lei? [4] O papa que abdica indica o drama do precipício atual e ao mesmo tempo oferece uma importante herança: a renúncia a tolerar um jogo de poder destrutivo que foi longe demais. Um pai que não compactua com o turbilhão manipulativo – como os pais que se afastam de mães perversas – pode fazer com que se abra um novo caminho. Como no caso da chegada de Papa Francisco, um pai que amarra memória e futuro e que vem de um lugar do mundo onde o discurso econômico não permitiu ainda o paraíso para todos, uma droga para cada bolso, um reino simbiótico de venenosa opulência. Francisco não é um salvador – um ilustre comentarista chegou inclusive a apontá-lo como líder político para a Itália [5] – mas um pastor: ensina uma estrada, não a impõe. Sua mensagem é uma ajuda para ajudar-se, para reconectar-se consigo mesmo, para não se trair enquanto sujeito. O pai que se crê um salvador pede demais em troca, como o genitor-Pigmaleão que já analisamos. O filho – ou um povo – que deseja um salvador permanece criança. Um pai não é tampouco o herói que volta de longe para salvar o filho da falta de lei do reino da Mãe: essa seria uma idealização da figura paterna. Um filho que espera o pai à margem permanece em uma resignação prudente, incapaz de fluxos construtivos, à espera e passivo, fagocitado para sempre pela lenda do pai e incapaz de mover-se sozinho: um resultado não muito diferente daquele que produz uma mãe inclusiva. Querer acreditar na onipotência do outro, na mãe ilimitada ou no pai herói, coloca permanentemente o sujeito na posição de recém-nascido, de dependente, de vassalo, daquele que emprega seus recursos para sustentar a divindade do outro, talvez para poder entrar também, mesmo que pela porta de serviço, na brincadeira.

O pai genital traz o masculino que – atenção! – não é apenas lei virtuosa, mas também potência e intimidação: as aporias do direito revelam quantas vezes na história a medida da lei foi a violência. César atravessando em armas o Rubicone "confia o juízo final à guerra (*utendum est iudice bello*)" [6]. O masculino é organização, mas também luta; medicina, mas também guerra. *Vis, virtus, vir e violentia* (força, virtude, homem, violência) têm a mesma raiz. A etimologia revela os nexos inconscientes coletivos: no masculino a agressividade não é separada da proteção. A voz do pai é ardente, mas grita e zanga também, suas mãos protetoras são, todavia, ásperas sobre o corpo da criança. É com o seu corpo de homem que o pai anuncia o fim da era da simbiose, que expele as práticas de inclusão, que abre a clausura, até restabelecer a proporção das fronteiras. Impele mãe e criança a distinguir-se em seres finitos restabelecendo o casal legítimo; tudo isso sem certeza preventiva de sucesso: se uma mãe não quer destacar-se do filho, nenhum pai poderá conseguir isso sozinho.

Se existe uma mensagem, aquela do novo pai é pluritonal, dodecafônica, tolerante às ambivalências que, todavia, não devem constituir um álibi à renúncia. O judaísmo, que por muito tempo se interrogou sobre o tema da transmissão paterna, crê que, do pai, deva chegar uma mensagem ao filho, mas, como no brevíssimo conto de Kafka "Uma mensagem do imperador" [7], o mensageiro não consegue aproximar-se do súdito que o aguarda, talvez porque este último espera, imóvel, por uma nutrição já pronta. Nos contos, nas histórias, nas metáforas judaicas, a mensagem do pai não chega inteira, ou não chega clara: chega deformada, ou alterada, até silenciosa: no romance de Italo Svevo *A consciência de Zeno*, o pai morre sem revelar a mensagem pré-anunciada ao filho [8]. O estilo do pai é poroso, não finito, alusivo: o filho herda um enigma para decifrar. O sinal que todo pai transmite é o enigma.

Para poder ir além da Mãe e conectar-se à transmissão do pai, digamos com todas as letras, é preciso relacionar-se com o *trabalho*. Trabalho como trabalho de si, transformação, mas também como relação com o Outro, lugar social de onde se pode tomar a palavra. Trabalho como não ceder do próprio desejo. A existência, então, torna-se móvel, *in progress*, se faz vida: empenho, esforço, riqueza, estupor, obra. Recordemos o caso de Rossana, a jovem artista que conserta a luminária para colocar-se em condição de enfrentar o seu *trabalho* criativo, e que, com este gesto metafórico, se subtrai de um destino improdutivo e hipnótico.

O pai, sabe-se, deve ser assassinado e a mãe abandonada. Em que modo? É a mãe que se deve fazer abandonar, a batalha maior cabe a ela, mas o pai está a seu lado. Ao filho cabe matar o pai. Qual é o modo de matar um pai? Com o trabalho, transformando-o em obra: a própria.

A mãe, em regra, é boa aos olhos do filho, mesmo quando não o é de fato, porque ele não tolera sua ambivalência; quando pensa na mãe, o pensamento parece preferir ficar fixado no Um: compreensível, é a própria sobrevivência que está em jogo. Do pai se aceita mais facilmente que não seja só bom, que possa ser também ruim. O pai está na ambivalência, no enigma, e o enigma é aquilo que faz pensar, que nos faz trabalhar. Trabalho e enigma são adjacentes. Na estruturação de um sujeito, isto é, na trajetória do Édipo, Lacan descobre a função *precoce* do pai, avançando nisso em relação a Freud. O seu seminário inédito de 1973-1974 se intitula *Les non dupes errent* ("Os não-tolos erram") que se pronuncia como "*Le nom du père*" ("O nome do pai"), homofônico também com "*Les non du père*" ("Os nãos do pai"). Esta última variação ilumina a função paterna de limite do gozo da mãe e de liberação do filho da inclusão em seu corpo. Simbolicamente, nas sociedades matriarcais, este ato era realizado pelos irmãos da mãe. A função de corte do excesso – que é sempre dado pela mãe – é obra do masculino: o pai – ou o tio – garante que se possa pensar o limite, a falta. Se não existe articulação com a falta, não há articulação com a sexualidade, cujo ritmo soa entre o cheio e o limitado, entre abundância e penúria, turgescência e refratariedade, culminância e descarga. O pai, então, é aquele que garante que existe um objeto perdido (a mãe) que, a partir daquele momento, pode funcionar simbolicamente como falta, isto é, como polo de desejo e de pensamento. Elaborar não é repetir, mas imaginar o que não há, simbolizar o que está longe, não disponível. Nesse sentido, poderíamos dizer que pensamento é saudade. Então, o pai – a sua função – está ali para garantir que a mente humana possa tolerar a falta, aliás, possa dar-lhe forma. No lugar de um objeto da realidade, o ser humano aceita a sua falta e assim a simboliza. Nasce o pensamento, que é o trabalho para torná-la presente em outro modo. A criança que brinca realiza a sua primeira sublimação, a sua primeira obra: através da função paterna do trabalho, torna simbolicamente presente a mãe no objeto-brinquedo; o homem que cria, converte a saudade em vida.

Com o pai nasce, portanto, o *trabalho*, que é outro modo de dizer que com a função paterna nascem a lei, o Outro, o terceiro, a admissão no mundo: em outras palavras, a salvação do homem. O trabalho transforma a melancolia, a pulsão de morte, a angústia. O gozo do corpo da mãe, sem a interrupção também *real* do pai, é pânico, é angústia pura, impossível de ser transferida em uma representação. A depressão, como diz Julia Kristeva, é ligada ao gozo do corpo da mãe, à ausência do corte [9]. Além do pai (*père*), existe o pior (*pire*) [10], no sentido em que, se a metáfora paterna não funciona, estamos na paralisia, na psicose, no assalto furioso do gozo. Os psicóticos – os não-tolos, *les non dupes*, aqueles não normalmente neuróticos, podemos dizer – sofrem do difícil acesso à metáfora paterna e, portanto, erram (*errent*), caminham sem uma meta. Nas psicoses, o pai não produz efeito ao dizer a ambos, mãe e filho, que não podem gozar um do outro e vice-versa.

Quem pensou que o feminismo fosse dizer não à função paterna pecou por presunção e por incompreensão: confundiu a função paterna – exercitável por um ser humano além do seu sexo biológico – com o patriarcado. O ser humano precisa da função paterna, *quem quer que seja* que a pratique. Precisa de *traba-*

lho. O corte é feito com uma palavra eficaz: com a sua voz o pai promete ao filho um bem de ordem superior àquele do corpo materno, do qual poderá conservar o sentido da paixão. Promete a ele uma palavra – ardente – com a qual estar no mundo.

CONCLUINDO

Um sujeito encontra o amor, quando deixa a casa dos pais e aceita o exílio do corpo da mãe: perde algo para não se perder no todo. Quando Camus disse: "Entre minha mãe e a justiça escolho minha mãe" [1], Jean-Paul Sartre rompeu com ele e neste ponto Sartre tinha razão, porque a família *maismaterna* é inimiga da obra de civilização.

É permitido odiar o pai, mas não quando o filho se encarrega de um ódio não seu: é permitido odiar o pai pelo pai mesmo, porque o princípio de castração que ele introduz faz com que o filho, mesmo no ódio, possa reconhecê-lo. Se não podemos odiar o pai, não poderemos nem menos amá-lo. Para ter sucesso na própria singular existência, o pai deve ser assassinado, transformado na própria obra. Não adianta seguir o seu exemplo: o único modo para aceder à herança do pai é desobedecê-lo, e a adolescência – quando é vivaz e não mortificada pela fidelidade à família – é o lugar precioso em que se aprende, justamente, a desobedecer. Jesus exortava a romper com os pais, a renegar pai e mãe para ser digno dele [2], digno de um novo caminho. Aos 12 anos cumpriu seu primeiro ato de independência: estava com a família em Jerusalém para festejar a Páscoa judaica, mas quando seus pais se colocaram a caminho junto aos outros para voltar para casa, em Nazaré, Jesus não os seguiu e ficou no templo falando com os sábios, sem avisar seus pais, que o procuraram por três dias [3]. Para encontrar a própria estrada, não se pode estar em família, sob pena de falir ou o que é pior, morrer: "Renega teu pai, renega o teu nome", faz dizer Shakespeare a Julieta naquela tragédia da fidelidade à família que é *Romeu e Julieta*. Como disse Fritz Lang: "Todas as pessoas normais deveriam escapar de casa". Outro diretor, Dario Argento, respondendo ao entrevistador que lhe perguntava por que nos seus filmes existia sempre um corredor longo, estreito, escuro e pavoroso, afirmou: "O terror nasce no corredor de casa" [4]. E o que é esse corredor senão o corpo da Mãe do qual se teme não sair?

A verdadeira filiação é ter recebido dos próprios pais a possibilidade de abandoná-los para sempre, mas, se esta herança não existir, é preciso se apropriar dela.

NOTAS

INTRODUÇÃO: A FAMÍLIA COMO PACTO CULTURAL

[1] Jacques Lacan, Seminário 4, *A relação de objeto* (1956-1957), edição italiana organizada por A. Di Ciaccia com trad. de R. Cavasola, Einaudi, Turim, 1996, p. 204. (N. da trad. Editado no Brasil por Jorge Zahar Editor, Rio de Janeiro).

[2] A teoria da aliança é desenvolvida por Claude Lévi-Strauss em *As estruturas elementares do parentesco* (1949). Edição italiana organizada por A. M. Cirese, Feltrinelli, Milão, 2003. (N. da trad. Editado no Brasil por Editora Vozes, São Paulo).

[3] "Os grunhidos são imediatamente organizados virtualmente em um sistema simbólico [...]. Basta observar a necessidade essencial que a criança tem de receber aqueles grunhidos modelados e articulados que se chamam palavras e o interesse que demonstra pelo sistema da linguagem enquanto tal": Jacques Lacan, A relação de objeto, cit. p. 204.

[4] Para aprofundamento sobre os efeitos estruturantes da voz da mãe e do pai, remete-se ao capítulo "Vozes familiares" do meu livro *A voz nua: vocalização, inconsciente, sexualidade*, reedição atualizada no prelo na Itália (N. da trad. não editado no Brasil).

[5] Cfr. Chiara Saraceno, Casais e família, não é questão de Natureza, Feltrinelli, Milão, 2012, p. 19.

[6] Confirmando o fato de que a homossexualidade é uma construção cultural, Gilbert Herdt, professor de Estudos sobre a Sexualidade Humana e Antropologia na

Universidade de São Francisco, sustenta que a homossexualidade atual ocidental não tem nada a ver com a homossexualidade das épocas pré-modernas, fora do Ocidente. Não existe uma categoria universal de homossexualidade comum a todas as épocas e sociedades. Ver o item "Homossexualidade", organizado por Gilbert Herdt, na *Enciclopedia dele Scienze Sociali*, instituto da *Enciclopedia Italiana Treccani*, Roma 1996, vol. 6.

A MÃE VERDADEIRA E O MITO DA MATERNIDADE NATURAL

[1] Os defensores do compartilhamento da mesma cama entre pais e filhos sustentam que os filhotes animais dormem com a mãe e que também o homem, como em épocas passadas, dorme com os pequenos em diversas culturas. Na nossa civilização, quando se dormia todo mundo junto, era por necessidade e, em todo caso, tentava-se manter, na medida do possível, espaços separados entre pais e filhos. Além disso, o que vale para os animais não vale para o homem, por muitas razões que veremos, inclusive levando em consideração o fato de que os filhotes de animais têm um tempo de desmame infinitamente inferior ao dos filhos de homem.

[2] Retornaremos a este assunto, sob outro aspecto, no capítulo 9.

[3] Formulada por Freud em 1920, em *Além do princípio do prazer*, introduzida para explicar a fixação ao trauma e a tendência a repetir experiências dolorosas, a pulsão de morte manifesta-se como o mais radical

gozo inconsciente, mais ainda que o desejo sexual. Nossa época é mestra em colocar pseudoprazeres solicitando este núcleo que não se descarrega e se repete sem sentido, criando dependência. As crianças adoram repetição, por isso adoram a publicidade, a qual é fundada justamente no mecanismo da repetição, aparentemente assegurador.

[4] Byung-Chul Han, *A sociedade da Transparência*, trad. It. de F. Buongiorno, Nottetempo, Roma 2014, p. 10. (N. da trad. Editado no Brasil pela Editora Vozes, São Paulo).

[5] O Outro, com "O" maiúsculo, é um outro homem entendido em sua função de figura de referência, de terceira função, que rompe a especularidade mãe-criança. Outro com "O" maiúsculo é também um contexto social, o lugar da cultura, uma terceira alteridade que humaniza porque linguisticamente estruturada. A palavra outro, com "o" minúsculo, indica, por sua vez, o outro da dimensão do ego, um outro eu, um homem genérico. Esta distinção é colocada por Jacques Lacan já no Seminário 1, *Os escritos técnicos de Freud (1953–1954)*, edição italiana organizada por A. Di Ciaccia, trad. it. de A. Sciacchitano e I. Molina, Einaudi, Turim 2014 (N. da trad. Editado no Brasil por Jorge Zahar Editor, trad. Betty Miller, Rio de Janeiro, 1986).

[6] Os nazistas se baseavam nas teorias dos bio-sociólogos alemães, fundidas com o darwinismo social – sustentadas por Ernst Haechel, Ludwig Wolmann, Alfred Ploetz – para demonstrar a importância da salvaguarda do próprio patrimônio genético, de modo a preservar as características raciais únicas que a "Natureza" havia dado e que permitiriam prevalecer na luta pela

sobrevivência. Grande importância e sucesso obteve, na época, a obra do inglês Houston Stewart Chamberlain (marido de uma das filhas de Wagner), *Os fundamentos do século XIX*, publicada em 1900, "uma obra mística e famosa na qual o autor funde habilmente antissemitismo, racismo e darwinismo social": in Richard J. Evans, A chegada do Terceiro Reich, trad. It. de V.Pecchiar, Mondadori, Milão 2005. (N. da trad. Editado no Brasil pela Editora Planeta, São Paulo).

[7] "Já que é demonstrado que a Natureza não pode reproduzir-se senão através de destruições, não seria, talvez, a ação de multiplicar estas destruições continuamente em perfeito acordo com ela? A primeira e mais bela qualidade da Natureza é o movimento que a agita sem parar, mas este movimento não é nada mais que uma sucessão de crimes": Donatien Alphonse François de Sade, *A filosofia na alcova. (1795), in Euvres Complètes*, organizada por G. Lely, *Au Cercle du Livre Précieux*, Paris, 1966-1967, vol. 3, p. 120, [trad. it. da autora]. (N. da trad. Não editado no Brasil).

[8] O conceito de real é articulado por Jacques Lacan, *A relação de objeto*, cit.: "O real está no limite da nossa experiência [...]. É o que implica em si qualquer possibilidade de efeito" (p.28). Três são as formas pelas quais o real faz limite. A primeira é a privação, quando um objeto falta no real e no seu lugar existe um buraco (por exemplo, peço um livro na biblioteca e não está lá, não está em seu lugar). A segunda é a frustração, quando existe um dano imaginário: é a exigência sem freios e sem lei, como desejar *on demand* o seio da mãe (e todos os seus desdobramentos metonímicos: comi-

da, droga, objetos que criam dependência); é o âmbito da reinvindicação. A terceira é a castração, quando existe um débito simbólico: respeitar uma lei, uma regra compartilhada, um pacto social, por exemplo, renunciar a possuir a mãe. No primeiro caso, o que falta é um objeto simbólico (o livro); no segundo falta um objeto real (o seio) e no terceiro falta um objeto imaginário (casar com a mãe) – cfr. idem. pp. 33-37. Como pode-se perceber, o objeto real – representado pelo seio – não está totalmente disponível ao sujeito, é o que faz limite, e deve fazer limite, ao seu desejo. Lacan volta em modo específico à noção de real no Seminário 22, R.S.I. (1974-1975), inédito e traduzido parcialmente em italiano em *Ornicar?*, Boletim Periódico do Campo Freudiano, nn.2-5, 1978-1979 (N. da trad. Inédito também no Brasil, mas disponível em espanhol em diversos periódicos do Campo Freudiano), no qual R indica o real (a matéria, o que resiste), S o simbólico (cultura, linguagem, lei) e I o Imaginário: o seminário inédito trata do nó entre estes três registros na experiência humana (a realidade). Lacan o chama nó borromeu porque, se um destes três anéis se destaca, imediatamente os outros dois também se desfazem. É o caso da psicose na qual o simbólico decai e a alucinação imaginária reveste-se das formas do real e toma as feições de um simbólico louco ("a Voz me diz para fazer isto"). Para dar, porém, um exemplo bem-sucedido, a arte representa uma boa relação entre os três registros: trata uma matéria (R) real que opõe uma certa resistência (som, cor, pedra, luz), trabalhada pelo imaginário do artista (I) e restituída à circulação simbólica (S) com a apreciação. Se faltasse a matéria, ou o artista ou o apreciador não existiria a obra de arte com o seu estatuto intrínseco de laço social. A função de R (real) é de fazer limite, mas também dar profundidade à experiência humana, que se confronta continuamente com a impossibilidade.

[9] Jacques Lacan, *A relação de objeto*, cit. pp. 29-30.

[10] Sigmund Freud, *A dissolução do complexo de Édipo* (1924), in Obras Completas de Sigmund Freud, edição it. organizada por C. Musatti, Bollati Boringhieri, Turim, 1996, vol. 10, p. 32 (N. da trad. Editado no Brasil por Imago, Edição Standard Brasileira das obras psicológicas completas, São Paulo). Este enunciado de Freud relativo à sexuação suscita ainda enormes discussões, se entendido como destino sexual que se organiza do fato de se possuir um pênis ou uma vagina e um clitóris. Lacan, que relê Freud, sustenta que o ser sexuado se organiza em torno ao Outro, isto é, é relativo à organização edípica. A anatomia continua a ser um real com o qual todo ser sexuado – independentemente da égide, masculina ou feminina, sob a qual se coloca – deve dar conta em nível inconsciente e cultural. A anatomia humana funciona, além disso, como teatro do inconsciente: o corpo que dói, dói lá, em um ponto preciso, onde o inconsciente teria, se escutado, alguma coisa importante para dizer.

[11] Lacan recupera o conceito de Heidegger de grande Outro, escrito com o maiúsculo, como lugar da linguagem que fala através do sujeito, mas o ato de palavra, em Lacan, é ato ético na medida em que o sujeito é singularmente responsável por ele. No ensinamento

de Lacan, o Outro tem também o significado de sujeito do inconsciente, distinto do Ego: isto quer dizer que existe algo, em todo ser humano, que o transcende. O Outro como inconsciente é a transcendência interna a todo sujeito: uma reformulação do enunciado freudiano segundo o qual o Ego não é senhor em sua própria casa. Acrescentamos que a subjetividade não existe sem intersubjetividade (aqui Lacan é aluno do Kojève que relê Hegel) e, portanto, não existe sujeito sem um Outro que o reconheça.

[12] Algumas notáveis e sutis teóricas deste pensamento são Judith Butler, Donna Haraway, Hélène Cixous, Teresa de Lauretis.

[13] Ver cap. 11. Discuti estas duas figuras do feminino em meu livro *Quem é a mais malvada do Reino? Filhas, mães, madrastas nas novas famílias, et al.*/Edizioni, Milão, 2012.

[14] Interessante notar, a este propósito, que Lacan emprega o mesmo termo de amor-devastação (*ravage*) para indicar tanto o relacionamento devastador de uma mulher com um homem quanto a relação estrutural de encantamento e ruína que se encontra no relacionamento entre uma filha e uma mãe. Cfr. Jacques Lacan "L'étourdit" (1972), in Autres écrits, Seuil, Paris 2001, p. 465. [N. da trad. editado no Brasil por Zahar: Lacan, J. (1973/2003). O aturdido. In: *Outros escritos* (pp. 449-497). Rio de Janeiro].

[15] Seguindo Lacan, utilizamos o conceito de Lei em uma acepção que não indica apenas o direito: segundo o trabalho de Lévi-Strauss sobre os sistemas de parentesco (cfr. Claude Lévi-Strauss, op.cit), considera-se

Lei tudo que regula as relações entre os membros de uma aliança.

A FAMÍLIA CLAUSTROFÍLICA

[1]   Do latim *claustrum* (lugar fechado) unido ao grego *philos* (amor); a claustrofilia é, portanto, o amor pelo que é fechado. Vale recordar, a propósito deste termo, Elvio Fachinelli que em 1983 o propôs à atenção do mundo psicanalítico e intelectual com o livro *Claustrofilia*, editado na Itália por Adelphi, no qual recordava como Freud tinha individuado o mais maligno problema da análise na sua tendência a um indefinido prolongamento: na análise interminável a relação analista-paciente torna-se uma "unidade dual" que denota a relação entre mãe e recém-nascido. *Claustrum* "refere-se para mim, antes de mais nada, ao ato de fechar-se, de barrar-se, de serrar-se dentro. E isto está de acordo com a etimologia da palavra. *Claustrum* em latim significava chave, ferradura, corrente e similares. Só muito mais tarde passou a significar lugar fechado" (p. 64).

[2]   No Seminário 7, *A Ética da Psicanálise* (1959-1960) – edição italiana organizada por A. Di Ciaccia, trad. it. de M. D. Contri, R. Cavasola, A. Di Ciaccia, Einaudi, Turim, 2008 (N. da trad. editado no Brasil por Zahar, Rio de Janeiro), Jacques Lacan indica o gozo do Um como gozo da substância, do corpo da mãe: neste caso, o objeto do gozo não está situado no campo do Outro, mas é um gozo refratário à palavra: é o gozo da Coisa: das Ding, diz Freud, definindo-a como o "não

assimilável", in: Projeto de uma Psicologia (1985), in OSF, 1982, vol. 2, p. 264 (N. da trad. editado no Brasil por Imago, Edição Standard Brasileira das obras psicológicas completas, São Paulo).

[3] *Mani Tese*, em 2012, prometeu uma importante campanha publicitária sobre este projeto.

[4] A mãe perversa trata a criança como objeto de gozo e trata a si mesma como objeto de gozo da criança, sem que existam interdições regulando esta troca. No lugar do tabu que impõe as fronteiras das relações, existe manipulação dos limites. O que falta na perversão é precisamente a falta: o ir e vir da mãe, o seu não estar sempre presente para a criança é o que a constitui como sujeito. A perversão é negar a alteridade que nos divide e nos constitui enquanto homens e mulheres: é acreditar que o gozo do Um possa ser usufruído sem consequências e que seja possível perverter o limite, o pacto, a Lei (no sentido, já indicado, que Lévi-Strauss deu ao termo). A pessoa perversa tende a inventar e impor uma lei própria, com a qual condicionar o ambiente. É muito hábil em criar laços de dependência baseados na sedução e é mestra em desdobrar o discurso em função das próprias finalidades: o raciocínio pode parecer impecável em sua construção, mas vacila na sua fundamentação; olhando de perto, de fato, é sempre construído sobre falsos postulados de partida.

[5] Lacan introduziu este termo (*unien*) em "*Télévision*" (1973), in: *Autres Ecrits*", Seuil, Paris 2001, p. 527 (N. da trad. editado no Brasil por Jorge Zahar Editor: Outros escritos), com ele designa a identificação do Outro

com o Um; é um significante que tem a ver com o gozo absoluto do Um.

[6] "Bloch diz que a Heimat, a pátria, a casa natal que todos, em sua nostalgia, acreditam ver na infância, encontra-se, ao contrário, no fim da viagem. Esta última é circular; parte-se de casa, atravessa-se o mundo e se retorna para casa, mesmo que para uma casa muito diferente daquela que se deixou, porque adquiriu significado graças à partida, à cisão original. Ulisses retorna a Ítaca, mas Ítaca não seria tal se ele não a tivesse abandonado para ir à guerra de Troia, se não tivesse infringido os laços viscerais e imediatos com ela, para poder reencontrá-la com maior autenticidade": Claudio Magris, *L'infinito viaggiare* (O infinito viajar), Mondadori, Milão 2014, p. XI.

[7] Exogamia e endogamia são conceitos introduzidos em 1865 pelo antropólogo evolucionista John F. McLennan e usados ainda hoje. Entre as "tipologias" exogâmicas podem ser elencadas: a exogamia do sangue; a exogamia do clã, que impõe procurar o parceiro fora do próprio grupo totêmico; a exogamia de classe, pela qual o casamento deve acontecer fora da classe de pertencimento; a exogamia local ou territorial, pela qual o parceiro deve morar em outra tribo, cidade ou país. A exogamia é a regra, no bem e no mal. Como escreve Irène Némirovsky: "No casamento existem sempre dois grupos humanos que se enfrentam", in *"Legami di sangue"* (Laços de sangue), in *L'orchessa e altri racconti* (A ogra e outros contos), trad. it. de S. Mambrini, Adelphi, Milao 2014 (Kindle edition) (N. da trad. Não editado no Brasil).

[8]   O encontro de amor é o encontro com o Outro que não *é o Um, que não é o similar: cfr. Jacques Lacan, Seminário II, Os quatro conceitos fundamentais da psicanálise* (1964), ed. it. organizada por A. Di Ciaccia, trad. it. de A. Succetti, Einaudi, Turim 2003, p. 145. (Editado no Brasil por Jorge Zahar Editor, Rio de Janeiro). Para Claude Lévi-Strauss, na base de toda regra exogâmica existe a proibição do incesto: "A regra exogâmica tem valor social: fornece o meio para ligar os homens entre si e para sobrepor os laços da comunidade matrimonial aos laços naturais do parentesco [...] a exogamia é um esforço permanente em direção a uma maior coesão, a uma solidariedade mais eficaz, a uma articulação mais elástica", in Claude Lévi-Strauss, op.cit., p. 615. Interessante também é a observação de Freud que põe em evidência o laço entre a questão da maternidade e paternidade por aliança e a questão exogâmica e totêmica, escrevendo que em algumas tribos australianas "um homem chama 'pai' não apenas o genitor, mas também qualquer outro homem que, em base às normas tribais, poderia ter se casado com sua mãe, tornando-se assim seu pai. E chama 'mãe', além daquela que lhe deu à luz, qualquer outra mulher que pudesse ter se tornado sua mãe sem infringir as leis tribais. Chama 'irmãos' e 'irmãs' não apenas os filhos de seus genitores efetivos, mas também os filhos de todas as pessoas citadas que, dado o relacionamento de grupo, poderiam ter sido seu pai e mãe e assim por diante": in Sigmund Freud, *Totem e Tabu* (1912-1914), in OSF, 2000, vol. 7, p. 15 (editado no Brasil por Imago, Edição Standard das Obras completas de Sigmund Freud, volume 7).

[9] Jacques Lacan, a Ética da Psicanálise, cit., p. 84.

[10] Uso o termo "espetacularização" no sentido de Debord, segundo o qual toda vez que há espetacularização há "inversão da vida": Guy Debord, *A sociedade do espetáculo* (1967), trad. it. de P. Salvadori e F. Vasarri, Baldini Castoldi Dalai Editore, Milão, 2008, p. 53 (N. da trad. Editado no Brasil pela Contraponto, São Paulo). E ainda: "O espetáculo não é um conjunto de imagens, mas uma relação social entre indivíduos, mediado pelas imagens" (p. 54); para Debord, a espetacularização da realidade é religiosa, no sentido que nos faz colocar os nossos poderes em uma espécie de além e, assim, nos induz ao sono de um "sonho ruim" (p. 59).

[11] "Para muitas mulheres, enquanto mães dever-se-ia ter direito de palavra sobre tudo, como se dar à luz a tornasse, por si só, apta à compreensão das leis do universo": Loredana Lipperini, "Di mamma ce n'è più di una" (N. da trad. O título parafraseia o ditado popular "Mãe só tem uma": Mãe, tem mais de uma), Feltrinelli, Milao, 2013, p. 134.

[12] Cfr. Item Filiação, in Giancarlo Ricci, Sexualidade e Política, viagem no arquipélago gender, SugarCo, Milão 2016 (N. da trad. Não editado no Brasil).

[13] Na cena originária está representada a origem do sujeito. A fantasia originária se configura como uma reelaboração intelectual que a criança constrói em *après-coup* (posteriormente) em relação à visão/escuta da cena primária. O mito privado da própria origem é reconduzível a esta elaboração. Para aprofundamento sobre a cena primária e sua reconstrução subjetiva, indicamos: Sigmund Freud, *O homem dos lobos* (1914),

in OSF, 2000, vol 7, pp. 487-595 (Editado no Brasil por Imago, Edição Standard das Obras completas de Sigmund Freud, volume 7) e *Três ensaios sobre a sexualidade* (1905), in OSF, 1989, vol.4, pp. 447-546 (editado no Brasil por Imago, Edição Standard das Obras completas de Sigmund Freud, volume 4); e também Jean Laplanche e Jean-Baptiste Pontalis, *Fantasma originário, fantasmas de origens, origens do fantasma* (1964), trad. it. de P. Lalli, Il Mulino, Bolonha, 1988 (N. da trad. editado no Brasil por Martins Fontes, São Paulo, Vocabulário da Psicanálise).

[14] No nosso ordenamento tal prática é proibida por uma lei de Estado, a 40/2004, art. 12, parágrafo 6: "Quem quer que, em qualquer forma, realize, organize ou faça publicidade da maternidade de aluguel é punido com a prisão de três meses a dois anos e com uma multa de 600.000 a 1 milhão de euros".

[15] A importância do útero também diz respeito ao que a psicanalista Françoise Dolto define como libido *ao feminino*, isto é, como gozo dos espaços cavos. Ver Françoise Dolto, *Sexualidade feminina* (1982), Gallimard, Paris 1996, p. 269 (Editado no Brasil por Martins Fontes, São Paulo). Dolto fala de um orgasmo útero-anexial, além do orgasmo clitoridiano, clitoro-vulvar e vaginal. Os diversos tipos de orgasmos estão presentes de forma isolada ou em cadeia ou diversamente combinados em cada mulher. A questão da variabilidade do orgasmo feminino é discutida, em sua relação com o canto, no meu livro *A voz nua*, cit., capítulo "Voz e gozo feminino".

[16] Ver Laura Pigozzi, *A voz nua*, cit.

INCLUSO COMO UM INSETO NO ÂMBAR

[1]   A frase é retirada dacoletânea de leis judaicas *Yoreh Deah* (245:5) escrita pelo rabino Jacob bem Asher.

[2]   Circular ministerial n. 177 de 14 de maio de 1969 que, com o advento da autonomia didática (DPR 275/1999), não é mais válida.

[3]   http://em.wikipedia.org/wiki/Homeschooling_international_status_and_statistics.

[4]   Direção e roteiro de Stephen Chbosky, 2012, EUA, baseado em *The Perks of Being a Wallflower*, romance escrito pelo mesmo Chbosky.

[5]   Jacques Lacan, Seminário 8, *A transferência* (1960-1961), ed. it. organizada por A. Di Ciaccia, trad. it. de A. Di Ciaccia, Einaudi, Turim 2008 (N. da trad. editado no Brasil por Jorge Zahar Editor, Rio de Janeiro). "Uma teoria da verdade, do tipo daquelas buscadas em filosofia ou em lógica, falha sempre por causa da erótica. Não existe uma teoria da verdade sem uma doutrina do amor", in Jacques-Alain Miller, *Os seis paradigmas do gozo*, organizado por A. Di Ciaccia, Astrolabio, Roma 2001, p. 107 (N. da trad. publicado no Brasil em Opção Lacaniana, ano 3, n. 7). Para aprofundamento sobre a relação entre saber e amor sugirimos também o texto de Bruno Moroncini, *Sobre o amor*, Jacques Lacan e o simpósio de Platão, Cronopio, Napoli 2010 (N. da trad. não publicado no Brasil).

[6]   Cfr. Jacques Lacan, Seminário 20, Mais ainda (1972-1973), ed. it. organizada por A. Di Ciaccia, trad. it. de L. Longaro, Einaudi, Turim 1983 (lição de 20 de março de 1973). (N. da trad. editado no Brasil por Jorge Zahar Editor, Rio de Janeiro).

[7] Escreve Franco Rella in *Formas do Saber. O eros, a morte, a violência*, Bompiani, Milão (2014) (N. da trad. não editado no Brasil) que Platão identificou o "Eros com o filósofo, a caça erótica com uma busca de sabedoria, até identificar erotismo com filosofia [...]. Nos ombros de Platão está a pergunta de Eurípedes [...] o que é a sabedoria? com a terrível resposta: tudo o que é sábio, que é considerado sábio, não é sabedoria. É assim demolida seja a pretensão dos sábios – Heráclito, Parmênides – que sabiam por iluminação, seja o saber lógico e técnico dos sofistas (p. 14). E ainda: para Platão, "Eros é filósofo, a mania erótica é a melhor mania porque é ela que impele ao saber [...]. Eros, amor, não é em Platão o amor platônico, como foi transmitido vulgarmente e virou lugar comum. É um amor que não se exaure" (p. 17).

[8] Ver: http://mobile.clubic.com/mag/sport/actualite-726585-gemo-blouson-enfant-balise-gps-integree.html.

[9] Carl Gustav Jung, *A psicologia da Kundalini-yoga* (1932), ed. it. organizada por L. Perez, Bollati Boringhieri, Turim 2004, p. 75 (N. da trad. As obras completas do Jung foram editadas no Brasil pela Vozes, São Paulo).

O GENITOR PICMALEÃO

[1] Marie de Rabutin-Chantal, marquesa de Sévigné (1626-1696), recebeu uma refinada educação literária. Viúva muito cedo, estabeleceu-se em Paris, no Marais, onde frequentou os salões do Preciosismo, movimento cultural animado por literatos que utili-

zavam um estilo expressivo refinado e que se reuniam no Hotel de Rambouillet. A separação da amadíssima filha Françoise-Marguerite, que havia acompanhado o marido, Conde de Grignan, à Provença, foi o evento que deu origem à densa comunicação epistolar que se desenrolou entre as duas por 25 anos.

[2]   La Fontaine fez uma dedicatória à mais graciosa jovem da França no início do *Leão apaixonado*: "Sévigné, cujos traços/servem às Graças como modelo", in Paul Jacquinet, "Notice sur M.me de Sévigné", in Lettres de M.me de Sévigné, sob a dir. de J.B.A. Suard, Librairie de Firmin Didot Frères, Paris 1846 (Kindle edition) [tradução da autora].

[3]   Idem.

[4]   Ver Yves Pouliquen, *Madame de Sévigné et la médecine du Grand Siècle*, Odile Jacob, Paris 2006, p. 201 e Patrick Avrane, "La joissance de la Marquise et le plaisir de la Comtesse", in La disposition perverse, sob dir. de P. Guyomard, Odile Jacob, Paris 1999, p. 46.

[5]   Patrick Avrane, op. cit., p. 53.

[6]   "Convém distinguir com clareza a função do genitor da função simbólica do pai. De fato, foi o direito romano a distinguir já em modo evidente a figura do *genitor* e a figura do *pater*. A paternidade era entendida como um ato voluntário e não como atribuição natural, enquanto o dever do genitor era aquele puramente material de dar os alimentos sem que existisse uma outra responsabilidade em relação aos filhos. Foi introduzida então uma questão que será fundamental à função do pai: não existe atribuição automática da função às pessoas, mas é necessário um ato voluntário,

um consentimento do sujeito para que esta função seja sustentada e transmitida. O genitor não é jamais pai automaticamente, é necessário uma atribuição simbólica que deve acontecer, tanto do lado do pai quanto do lado do sujeito para que a função do pai se sustente sobre o genitor. Ao mesmo tempo, devemos sublinhar que é graças a esta atribuição simbólica que é possível supor no pai um genitor": in Miquel Bassols, "Famiglia", cit. p. 127.

[7] Édipo significa homem "do pé inchado": ele tinha sido exposto pelo pai Laio no Monte Citeron, acorrentado pelos pés, para que não escapasse.

[8] Ernst Theodor Amadeus Hoffman, *O homem da areia* (1815). Este conto foi amplamente discutido por Freud no *O Estranho* (1919), in OSF, 200, vol 9, pp. 96 sgg. (Editado no Brasil por Imago, Edição Standard das Obras completas de Sigmund Freud, volume 9). Cfr. Também Laura Pigozzi, "Ritmo e medida. A gagueira" in A voz nua, cit.: Hoffman nos oferece uma imagem eficaz desta falsidade com a inquietante Olímpia, boneca mecânica muito hábil no canto e em tocar piano, que trai a sua natureza não humana no momento em que realiza uma performance com um tempo de metrônomo, artificialmente perfeito".

[9] Vittorio Mathieu, *A voz, a música, o demoníaco*, Spirali Edizioni, Milao 1983, p. 21 (N. da trad. Não editado no Brasil).

[10] Voltaremos às consequências deste mecanismo no capítulo sobre as famílias violentas.

[11] Cfr. Jacques Lacan, Seminário 10, *A angústia* (1962-1963), ed. It. Organizada por A. Di Ciaccia, trad. It. De

A. Succetti, Einaudi, Turim, 2007. (N. da trad. Editado no Brasil por Jorge Zahar Editor, Rio de Janeiro).

[12] Elfriede Jelinek, *A pianista* (1983), trad. it. De R. Sarchielli, Einaudi, Turim 2005. (N. da trad. Editado no Brasil por Tordesilhas). Recordamos que Jelinek, austríaca, foi Prêmio Nobel de Literatura em 2004. Do romance foi retirado o filme homônimo de Michael Haneke de 2001, com Isabelle Huppert, Grand Prix do Júri no 54º Festival de Cannes (N. da trad. O filme foi exibido no Brasil com o titulo *A professora de piano*).

[13] "Uma das mais significativas, mas também mais dolorosas operações psíquicas da puberdade é a separação da autoridade dos pais, que produz o contraste, tão importante para o progresso da civilização, da nova com a velha geração. Para cada uma das etapas desta necessária sucessão evolutiva ocorre que certo número de indivíduos não a supere; assim, existem pessoas que não conseguiram superar a autoridade dos pais e nunca ou só em um modo bastante incompleto personificaram a sua ternura. Trata-se principalmente de moças, que assim permanecem em pleno amor infantil por muito tempo depois da puberdade, para grande alegria dos pais. É muito instrutivo perceber como no casamento será difícil para elas oferecer aos maridos o que delas é esperado. Serão esposas frias e permanecerão sexualmente frígidas. Disto pode-se perceber que o amor, aparentemente não sexual, pelos pais e o amor sexual têm origem nas mesmas fontes, isto é, o primeiro corresponde simplesmente a uma fixação infantil da libido: Sigmund Freud, "As transformações da puberdade" (1905), in Três ensaios

sobre a sexualidade, in OSF, 1982, vol. 4, pp. 531-532 (N. da trad. Editado no Brasil por Imago, Edição Standard das Obras completas de Sigmund Freud, volume 4).

[14] Afirmação pronunciada em audiência por um juiz do tribunal de Verona (comunicação pessoal de uma advogada daquele Fórum).

[15] Lacan introduz o conceito de *che vuoi?* (o que quer? em italiano) no Seminário 4, *A relação de objeto*, cit., e depois o desenvolve também em outras obras: no Seminário 5, *As formações do Inconsciente* (1957-1958), ed. It. organizada por A. Di Ciaccia, trad. it. de A. Di Ciaccia e M. Bolgiani, Einaudi, Turim 2004 (N. da trad. Editado no Brasil por Jorge Zahar Editor, Rio de Janeiro); e in "Subversão do sujeito e dialética do desejo no inconsciente freudiano" (1974), in Escritos, organizado por G.B. Contri, trad. it. de G.B. Contri, Einaudi, Turim, 2002, vol.2 (N. da trad. Editado no Brasil por Jorge Zahar Editor, Rio de Janeiro). A locução é em italiano porque Lacan a retira de um conto de Jacques Cazotte, *Le diable amoureux*: "O conto começa em Nápoles em uma taverna na qual o autor se dedica à evocação do diabo o qual, depois das formalidades usuais, não deixa de aparecer, manifestando-se sob forma de uma extraordinária cabeça de camelo provida de grandes orelhas e dizendo ao autor com voz cavernosa: *Che vuoi?* (Jacques Lacan, A relação de objeto, cit., p. 182). O que assusta o protagonista não é tanto a aparição do diabo, mas a pergunta imprevista – em italiano no original de Cazotte – colocada com uma voz mugida, capaz de despertar os mortos. Na história, o protagonista seguirá o próprio fantasma demoníaco,

tentando compreender o que ele quer daquele Outro infernal e o que o Outro quer dele.

STENDHAL E ESTOCOLMO

[1]   A apatia [...] é ausência de cuidado, de si e do mundo. "Não é um estado de ânimo, é simplesmente uma culpa moral, como dizia Dante e também Spinoza: um pecado, que significa uma vileza (*lacheté*) moral": Jacques Lacan, *Télévision*, cit., p. 526 [tradução da autora]. Tomas de Aquino fez uma fina e moderna análise da apatia: "A apatia é uma tristeza na qual o homem torna-se desinteressado pelos bens da alma" (*Summa theologiae* I 63 2 ad 2). No Apocalipse, os apáticos são assim, duramente, designados: "Porque és morno, não és nem frio nem quente, estou para vomitar-te da minha boca" (Apocalipse 3, 16). Petrarca a chamava de "doença funesta da alma" (*Secretum*, livro 2), enquanto Dante coloca os apáticos no Inferno no fundo do pântano Stígia, debaixo do barro: não se veem, mas é possível intuir sua presença pelo fervor da lama (Inferno VII, 121-123). Os comentaristas de Dante concordam em como o poeta desejou sublinhar o anonimato dessas almas que não conseguem falar com timbre autêntico e pessoal e, assim, não conseguem nem menos dar uma representação autônoma e convincente a seu pecado. Segundo São Gregório Nisseno (*De natura hominis* I), "a apatia é uma tristeza que tira a voz". Analogamente, os filhos incluídos são reduzidos a esta mortificação expressiva, não têm um timbre próprio, nem voz em capítulo.

[2]   A psiquiatra e psicanalista Graziella Magherini estudou muitos casos clínicos relativos a este estado psíquico particular em que caem alguns visitantes diante de obras de arte. A partir desses estudos, conduzidos em equipe no Hospital Santa Maria Nuova de Florença, elaborou uma teoria que explica o efeito Stendhal com o retorno de experiências arcaicas fragmentadas que não foram representadas, simbolizadas; trata-se de constelações cindidas mas ativas que se mobilizam diante de um detalhe de uma obra de arte que seja significativo para o sujeito (por exemplo, o joelho/falo do Narciso de Caravaggio), ou de um espetáculo vertiginoso da natureza. Através do fragmento da obra ou de um cenário natural, o sujeito colide com a experiência estética/estática primária mãe-criança, entendida como o primeiro encontro da criança com o vulto, os seios e a voz da mãe, que ele olha como se fosse uma obra de arte: no efeito Stendhal esses elementos não elaborados nesse momento primitivo se desencadeiam. Cfr. Graziella Magherini, *A síndrome de Stendhal*, Ponte alle Grazie, Florença, 1989 (N. da trad. Não editado no Brasil). Da mesma autora: *Me apaixonei por uma estátua. Além da Síndrome de Stendhal*, Nicomp Laboratorio Editoriale, Florença 2007 (N. da trad. também não editado no Brasil).

[3]   Assim chamada porque foi descrita por Stendhal, que foi acometido saindo da igreja de Santa Cruz de Florença. É um estado que se manifesta com taquicardia, vertigem, confusão, tonteira e que, nos casos mais graves, faz com que a pessoa entre em êxtase alucinatório.

[4] "A total proximidade e dependência do corpo da mãe deixa um depósito, um resto da marca ambivalente: aquele corpo materno será, contemporaneamente, uma forte atração e um lugar de rejeição, uma luz e uma sombra funesta, um gozo e um horror. A Coisa materna, o seu corpo absorvente, é o estranho na sua forma mais pura e menos simbolizável em palavras": Laura Pigozzi, *Quem é a mais malvada do Reino?*, cit., p. 85.

[5] Sobre a Síndrome de Estocolmo recordamos o filme de Liliana Cavani *O porteiro da noite* (1974). Além daquele de Estocolmo, aconteceram outros casos célebres noticiados: a rica herdeira americana Patrícia Hearst, raptada pelo Exército Simbiótico de Libertação, em 1974, tomou parte dois meses depois de um assalto a banco junto a dois de seus sequestradores (Arquivo Crime Library). Giovanna Amati, filha do produtor Giovanni Amati, ex-piloto de automóveis, italiano, foi sequestrada na mansão da família em 1978. Depois do pagamento do resgate, foi libertada. Parece que durante a prisão, Giovanna Amati se apaixonou por um de seus sequestradores, o marselhês Jean Daniel Nieto, que foi depois preso (Arquivo histórico do Corriere dela Sera, cit.). Elizabeth Smart, à idade de 14 anos, foi raptada e obrigada a casar-se com um pregador religioso de rua: entre 2002 e 2003, ela transcorreu diversos meses com seu raptor, sem nenhuma constrição física (Arquivo Missing Children).

[6] *La Stampa* (N. da trad. jornal italiano), 29/08/1973.

[7] Comunicação pessoal de uma advogada do Tribunal Eclesiástico. A mensagem de tal tribunal em questão é clara: "Monsenhor Paolo Rigon, vigário judiciário do

Tribunal Eclesiástico da Ligúria, se atém a indicar no "mamismo" uma daquelas formas de dependência que podem ser tomadas como exemplo para a declaração de anulação do casamento. Na relação pronunciada para a inauguração do ano judiciário eclesiástico, o vigário foi bastante drástico afirmando que, quando 'por qualquer escolha, por qualquer ação, é necessária a aprovação do genitor, que de fato torna-se psicologicamente o verdadeiro cônjuge [...], a pessoa com quem se casou será apenas a substituta'. Daí a possibilidade de considerar tal forma patológica de dependência da mãe uma verdadeira causa de anulação do casamento", Tommaso Rossi, Fatto & Diritto Magazine (N. da trad. revista italiana), 16/02/2014.

[8] "Le désir de l'homme – ce qui est pourtant tangible – c'est l'enfer, l'enfer três précisément em ceci que c'est l'enfer qui lui manque!": Jacques Lacan, Seminário 22, R.S.I. (inédito), lição de 18 de fevereiro de 1975. Fontes consultadas: versões de Jacques Siboni, Patrick Valas, Monique Chollet, Pascal Gaonac'h. (N. da trad. No Brasil disponível em publicações de várias escolas de psicanálise, além de sites com os seminários de Lacan traduzidos).

[9] Dados Istat (N. da trad. Instituto de Estatística italiano) referidos por Linda Laura Sabbadini, diretora do Departamento de Estatísticas Sociais e Ambientais do Instituto, durante encontro de pesquisa entre Istat e Universidade *Famílias em transformação,* Roma, 15-16 de setembro de 2011.

[10] "Os homens, mesmo devendo morrer, nasceram não para morrer, mas para começar": Hanna Arendt, *Vida*

ativa (1958), trad. it. de S. Finzi, Bompiani, Milao 1988, p. 182. (N. da trad. não editado no Brasil).

[11] Sigmund Freud, *O romance familiar* (1908), in OSF 2001, vol. 5, p. 471. (N. da trad. Editado no Brasil por Imago, Edição Standard das Obras Completas de Sigmund Freud, vol. 4).

AVANÇOS DA FAMÍLIA: A MONOPARENTALIDADE

[1] Mesmo em muitas famílias monoparentais, derivadas da separação entre os cônjuges, os pais excluídos arriscam tornar-se simples "doadores de esperma", a que se acrescenta o dinheiro da manutenção, que pode ser interpretado simbolicamente como um dom de esperma fornecido continuamente para sustentar a criança.

[2] Em 2009, na Itália, as famílias monoparentais com mães sozinhas eram um milhão e setecentas mil, ou seja, 7,1% das famílias (fonte Istat, Linda Laura Sabbadini, ver nota 11 do capítulo anterior), mas podemos supor um crescimento significativo nos últimos anos.

[3] Cfr. Françoise Dolto, *Os evangelhos à luz da psicanálise* (1977), trad. it. de R. Prezzo, et al./Edizioni, Milão 2012, p. 56. (Editado no Brasil por Verus Editora, São Paulo).

[4] Agradeço por esta informação à biblista Antonella Anghinoni, professora de Antigo Testamento na Universidade Católica de Milão.

[5] Françoise Dolto, *Os evangelhos à luz da psicanálise*, cit., p. 57.

[6] Cfr. Sigmund Freud. *O romance familiar*, cit., p. 472.

MEU FILHO ME ADORA

[1] Filme de 2013 de Anne Fontaine, pseudônimo de Anne Sibertin-Blanc, diretora francesa.

[2] Doris Lessing, *As avós* (2003), trad. it. de E. Dal Pra, F. Francis, M. Pareschi, Feltrinelli, Milão 2006. (N. da trad. Editado no Brasil pela Companhia das Letras).

[3] Jean-Claude Rolland, *Au fondement de la torture, une fusion de violence et de sexualité*, artigo que circulou em forma privada entre analistas, preparado para uma lição na Sociedade Psicanalítica de São Paulo, Brasil.

A MÃE E A MÃE

[1] Tratei deste assunto no livro *Quem é a mais malvada do Reino?*, cit.

[2] "O mito da mãe como melhor genitora tem a vantagem de sossegar os pesadelos da sexualidade da mãe, mas apenas por miopia": in Angelo Villa, *O que quer uma mãe. O desejo materno nos casos de maus-tratos infantis*, Edizioni ETS, Pisa 2014, p. 64. (N. da trad. Não editado no Brasil).

[3] Freud fala pela primeira vez da sublimação em 1892 nas *Cartas a Wilhelm Fliess* (1892), in OSF, 1982, vol.2 (N. da trad. editado no Brasil por Imago, Edição Standard das Obras Completas de Sigmund Freud, vol. 2). Depois retoma o tema no trabalho sobre Leonardo, de 1910, *Uma recordação de infância de Leonardo da Vinci*, in OSF, vol. 6 (N. da trad. editado no Brasil por Imago, Edição Standard das Obras Completas de Sigmund Freud, vol.6); na *Introdução ao narcisismo* (1914), in

OSF 2000, vol.7 (N. da trad. Editado no Brasil por Imago, Edição Standard das Obras Completas de Sigmund Freud, vol. 7); em *As pulsões e seu destino* (1915), em Metapsicologia, in OSF 2002, vol.8 (N. da trad. editado no Brasil por Imago, Edição Standard das Obras Completas de Sigmund Freud, vol. 8); em *Luto e Melancolia* (1917), em *Introdução à Psicanálise*, in OSF 2002, vol. 8 (N. da trad. Editado no Brasil por Imago, Edição Standard das Obras Completas de Sigmund Freud, vol. 8); em *Inibição, sintoma e angústia*, in OSF 1996, vol. 10 N. da trad. Editado no Brasil por Imago, Edição Standard das Obras Completas de Sigmund Freud, vol. 10).

[4] Cfr. Lacques Lacan. *A ética da psicanálise*, cit.

[5] Cfr. Jacques Lacan, *O avesso da psicanálise*, cit. p. 121.

[6] Recentemente encontrei uma obra que mostra o momento de confusão entre cuidados e devoção da mãe. Trata-se da escultura de Medardo Rosso, de 1886, *Aetas aurea*, conservada no Museu d'Orsay em Paris, que retrata o beijo da mãe na bochecha de seu filho. A boca da mãe é um bloco único com o rosto do menino e as linhas de sua face não são bem definidas, à diferença das da criança. Enquanto é beijado, o menino faz uma expressão de horror, teme o beijo canibal da genitora. Os críticos pensam que a figura represente a esposa, de quem o escultor se separou por volta dos 30 anos, e que a criança seja seu amadíssimo filho, Francesco, que cuidará do pai em seu leito de morte e, posteriormente, se ocupará das suas obras.

[7] Crf. Immanuel Kant, *Crítica da faculdade do juízo* (1790), trad. it. de A. Gargiulo, Laterza, Bari 1977 (N. da trad. Editado no Brasil por Forense Universitaria, São

Paulo) e *Observações sobre o sentimento do belo e do sublime* (1764), trad. it. de L. Novati, Bur, Milao 2006 (N. da trad. Editado no Brasil por Papirus, Campinas, SP). Sublimação é a capacidade humana de produzir pensamento e arte – ou seja, um produto simbólico compartilhável com os outros – através de uma invenção subjetiva. O sublime, ao contrário, é desancorado da dimensão simbólica, permanecendo um gozo privado. Assim mesmo, sem o sublime nenhuma sublimação é possível. A pulsão de morte está no centro do fazer humano, mesmo quando este a trabalha e a elabora em uma obra. Tratei estes problemas e suas múltiplas referências no meu livro *Vozes desaparecidas. Arte e laço social contra a anestesia contemporânea*, et al./Edizioni, Milão, 2013. (N. da trad. Não editado no Brasil).

[8] Ver Alessandra Farkas, "Blog 66", em Corriere dela Sera, 20/11/2011.

[9] O texto de referência é de Jacques Lacan, *Mais, ainda*, cit. A relação entre maternidade e feminilidade, aqui mencionada, é amplamente discutida no meu livro *Quem é a mais malvado do Reino?* cit. Sobre a relação entre gozo e arte, ver meu livro *Vozes desaparecidas*, cit.

[10] "I, who was never quite sure/ about being a girl, needed another/ life, another image to remind me./ And this was my worst guilt; you could not cure/ or soothe it. I made you to find me": versos de Anne Sexton, "The double image", in *To Bedlam and Part Way Back*, Houghton Mifflin Company, Boston 1960 [trad. da autora].

[11] É verdade que o clitóris funciona em modo semelhante, mas enquanto a ereção masculina é causada, geralmente, por um objeto parcial (um detalhe do

corpo do outro), a feminina é mais articulada porque maiormente exposta ao equívoco da linguagem, já que a erótica feminina precisa mais de palavras.

[12] Ver Angelo Villa, op. cit.

[13] Escreve Freud a Maria Bonaparte: "... digno de consideração o fato de que se possa amar assim profundamente um animal como a sua Topsy ou a minha Jo-fi, afeto livre de qualquer ambivalência, com a simplicidade da vida livre dos conflitos da civilização tão difíceis de suportar, a beleza de uma existência perfeita em si mesma. E malgrado a distância no desenvolvimento orgânico, há um sentido estreito de relacionamento, de inegável pertencimento recíproco". In *Ernest Jones, Vida e obra de Freud* (1953-1957), trad. it. de A. Novelletto e de M. Cerletti Novelletto, Il Saggiatore, Milao 1962, vol. 2, p. 252. (N. da trad. Editado no Brasil por Jorge Zahar Editor, São Paulo).

[14] Fonte: Aurora Scudieri, Young. The social paper, 30/05/2013, http://news.you-ng.it/2013/05/usa-ter-donne-vivevano-com-80-animali-morti-in-casa.

O MAIS-MATERNO

[1] Noção introduzida por Lacan no Seminário 16, *D'un Autre à l'autre* (1968-1969), Seuil, Paris 2006 (N. da trad. Editado no Brasil por Jorge Zahar Editor, São Paulo), em relação aos objetos que oferecem um gozo inesperado (um gozo extra). Lacan sustenta que existe uma homologia estrutural entre mais-valia e mais-de-gozar. Quando as coisas funcionam, ou seja, quando o caminho do gozo da mãe é barrado, pode-

mos falar de objetos artísticos ou culturais; quando, porém, o gozo da mãe é obtido em modo repetitivo e metonímico, falamos de objetos tóxicos de gozo mortal, como a droga, o jogo, o sexo ou de objetos de pseudogozo, como aqueles divulgados pela publicidade da sociedade capitalista. O caso do filho como gozo é um desdobramento que aponta na direção de um gozo proibido e a mãe o faz usando o filho como objeto narcísico – como um objeto do capital.

[2] "Operando através desta ação sobre a natureza fora de si e transformando-a, ele muda ao mesmo tempo a sua própria natureza": Karl Marx, *O Capital. Crítica da economia política*. Primeiro Livro (1867), ed. it. Organizada por D. Cantimori, Editori Riuniti, Roma 1989, p. 211 (N. da trad. Editado no Brasil por Jorge Zahar Editor, Civilizaçao Brasileira e Abril Cultural). Sinalizamos também o artigo de Pietro Bianchi "Marx e Lacan: a mais-valia como objeto 'a'", in *O inconsciente depois de Lacan. O problema do sujeito contemporâneo entre psicanálise e filosofia*, organizado por D. Cosenza e P.D'Alessandro, Led Edizioni, Milano 2012, pp. 245-257. (N. da trad. Não editado no Brasil).

[3] "Marx diz que o capitalista sorri quando se encontra diante de alguma coisa que provém do nada [...]. A partir da 'risada' do capitalista, Lacan começa a estabelecer a relação de homologia entre a mais-valia e o mais-de-gozar [...]. É nesta risada que se revela a função obscura do mais-de-gozar": Jorge Aléman, *A antifilosofia de Jacques Lacan*, organizado por E. Macola, trad. it. De L. Santoni, Franco Angeli, Milao 2003, p. 99 (N. da trad. Não editado no Brasil).

[4] Introduzo este neologismo para indicar um sistema de referência no qual prevalece a Mãe. Baseio a relação mais-valia-mais-gozo-mais-materno no repúdio comum ao limite e na tentativa de escapar da dimensão da perda. O filho, no mais-materno, é desejado como preenchimento imaginário que elimina o insuportável da divisão subjetiva da castração que, inevitavelmente toca todo ser humano. O mais-materno acredita que seja legítimo usar um filho para reparar a estrutural e comum insuficiência de si mesmo, trata o infinito por trás do desejo como se fosse uma mercadoria imediatamente disponível.

[5] Sigmund Freud, *Sexualidade feminina* (1931), in OSF, 2003, vol.II, p. 72 (N. da trad. Editado no Brasil por Imago, Edição Standard das obras completas de Sigmund Freud, vol. II).

[6] Claude Rabant, "*L'ironie des noms*", in *Che vuoi? Revue de psycanalyse*, n. 38 (*Les noms de la parenté*), 2013, p. 88.

[7] Divindade da mitologia clássica, filhas da Terra. Armam a mão da Medeia, de Eurípedes, que comete o infanticídio porque possuída pelas Eríneas que lhe infundem o espírito de vingança contra o marido Jasão. No conto mitológico, as Eríneas surgem do sangue de Urano que é castrado pelo filho Cronos: a castração simbólica dos pais é atuada também através da proeminência excessiva atribuída, da parte das mães, aos filhos em vez do parceiro.

[8] *Time*, 21/05/2012, fotografia de capa. Notícia retirada de *Il sole 24 Ore* (N. da trad. jornal italiano) de 11/05/2012.

[9] William Sears, *Baby Book*, Little Brown na Company, Boston, 2013.

[10] Donald W. Winnicott, *Psicanálise do desenvolvimento*, organizado por A. Nunziante Cesàro e V. Boursier, Armando Editore, Roma 2004, p. 69 sgg (N. da trad. Não editado no Brasil). "Neste processo gradual de desilusão, se as coisas vão bem, abre-se a cena para as frustrações que nós recolhemos juntas sob o termo desmame [...]. Se a ilusão-desilusão sai da estrada, a criança não consegue chegar a uma coisa tão normal como o desmame [...]. O simples encerrar a amamentação no seio não é um desmame. (p. 71).

[11] "Identificamos o princípio do prazer com uma certa relação de objeto, ou seja, a relação com o seio materno, enquanto o princípio de realidade foi identificado com o fato de que a criança deva aprender a prescindir dele [...] Winnicott faz notar que, a fim de que as coisas corram bem, a fim de que a criança não seja traumatizada, ocorre que a mãe opere sendo sempre presente quando necessário, vale dizer, mais precisamente colocando, no momento da alucinação delirante da criança, o objeto real que o preenche [...] Ocorre, portanto, que a mãe ensine progressivamente a criança a lidar com as frustrações e assim a perceber, sob forma de certa tensão inaugural, a diferença que existe entre realidade e ilusão": Jacques Lacan, *A relação de objeto*, cit., pp. 31-32.

[12] O Édipo é realizado também quando uma mãe, mesmo na presença do pai da criança ou de um companheiro que o reconheceria com satisfação, quer dar o próprio sobrenome ao pequeno. Assim, de fato, não lhe dá nada além do nome de seu próprio pai e a crian-

ça torna-se simbolicamente filha da mãe e do avô. A mãe permanece desta forma em uma forma de incesto simbólico com o próprio pai. Notei que as mulheres francesas, bem mais emancipadas que as italianas sob muitos aspectos, com o casamento adotam o nome do marido. Uma colega francesa, Annick Galbiati, esclareceu-me com grande lucidez: adotar o sobrenome do marido é renunciar ao Édipo com o próprio pai e poder encontrar o Outro. (N. da trad. Na Itália as mulheres casadas continuam usando o sobrenome do pai e seus filhos não ganham o seu sobrenome, apenas o paterno. Em setembro de 2016 foi aprovada no Congresso uma lei que permitirá às mães adicionar seu sobrenome ao nome dos filhos, juntamente com o do pai ou individualmente, a critério do casal).

[13] Jacques Lacan, Seminário 5, *As formações do inconsciente* (1957-1958), Seuil, Paris 1998, p. 175 [trad. da autora] (N. da trad. Editado no Brasil por Jorge Zahar Editor, Rio de Janeiro).

[14] Cfr. Thomas Mann, "A posição de Freud na história do espírito moderno" (1992), in Tratados. Schopenhauer, Nietzsche, Freud, trad. it. de I.A. Chiusano, Mondadori, Milao, 1958. (N. da trad. Não editado no Brasil. Consultar PDF em http://www.bsfreud.com/Thomas-MannFreud.pdf).

[15] Sigmund Freud, *Fobias infantis, o Pequeno Hans* (1908), in OSF 2001, vol. 5, p. 484. (N. da trad. Editado no Brasil por Imago, Edição Standard das obras completas de Sigmund Freud, vol. 5).

[16] Jacques Sédat, *Sur la question sexuelle. Corps, origine, identité, savoir, in Che vuoi?* Cit., p. 40 [trad. da autora]

[17] Cfr.Didier Anzieu, *O eu-pele*, trad. it. de A. Verdolin, Borla, Roma, 1987. (N. da trad. Editado no Brasil por Casa do Psicólogo, Rio de Janeiro).

[18] Ver *La Repubblica*, 02/06/2013, edição de Bolonha. (N. da trad. jornal italiano).

[19] "O gozo atinge a dimensão sexual apenas se a interdição toca o corpo do qual sai o próprio corpo, ou seja, o corpo da mãe": Jacques Lacan, Seminário 18, *O sintoma* (1975-1976), ed. it. organizada por A. Di Ciaccia, Astrolabio, Roma 2006, p. 99. (N. da trad. Editado no Brasil por Jorge Zahar Editor, Rio de Janeiro).

[20] Loredana Lipperini, op. cit., pp. 202-203.

[21] Dever-se-iam distinguir "as mulheres que são realmente sozinhas, que não podem fazer de outro modo, daquelas que agem assim por conveniência, para entrar nas listas de espera das creches": Lea Melandri, "Mães solteiras: uma revolução que olha para o passado", in Parole di donne (Palavras de Mulheres N. da trad. revista italiana), n. 2, janeiro 2011.

[22] Ver Loredana Lipperini, op. cit.

[23] Notícia referida por Alessandra Baduel, *La Repubblica*, 31/07/2013.

[24] Uma consideração útil principalmente desde que entrou em vigor a DDL 154/2013 na qual a escuta do menor torna-se, de fato, sempre obrigatória, salvo quando o juiz a considere em contraste com o interesse do menor ou manifestadamente supérflua. Fonte: Altalex, Decreto Legislativo de 28 de dezembro de 2013, n. 154.

[25] Eis alguns trechos: "A Associação Italiana de Neuropsiquiatria da Infância e da Adolescência considera oportuno expressar o próprio parecer relativo à ampla

discussão provocada pela recente sentença n. 7041 de 20 de março de 2013 da Corte Suprema Italiana e das afirmações ali contidas em relação à noção de PAS (*Parental Alienation Syndrome*) [...] A comunidade científica concorda em considerar que a alienação de um genitor não represente em si mesma um distúrbio individual para o filho, mas um grave fator de risco evolutivo para o desenvolvimento psicoafetivo do menor em questão. Tal noção já aparece no DSM IV no Eixo V entre os Problemas Relacionais Genitor-Filho; a sua inserção é prevista na próxima edição do DSM V ao interno da nova categoria de Distúrbios Relacionais, já que o fenômeno tem sua origem em uma relação que inclui a criança e ambos os genitores, cada um dos quais levando para ela a própria contribuição. [...] Sob este perfil, sublinha-se que existe uma vasta literatura nacional e internacional que confirma a cientificidade do fenômeno da *Parental Alienation*, termo este preferível ao termo PAS; nos Estados Unidos, por exemplo, este construto superou os critérios fixados pela Frye e Daubert Rules para ser reconhecido como cientificamente válido pelas autoridades judiciárias competentes. A noção de Alienazione Parentale é, além disso, reconhecida como possível causa de maus-tratos psicológicos pelas Linhas-Guia sobre o tema de abuso de menores da Sinpia (2007). A Sinpia ressalta a importância de adotar a precaução e as medidas necessárias, como impõem as recentes sentenças da Corte Europeia dos Direitos Humanos, para garantir o direito do menor à bigenitorialidade e tutelá-lo dos obstáculos que possam ameaçá-lo." www.psichiatria.it/wp-content/uploads/2013/04/SINPIA-PASI.pdfpia.eu/atom/allegato/1063.pdf.

[26] O assim chamado "Caso de Cittadela" (2012), muito presente em todos os meios de comunicação nacionais (N. da trad. Em 2012 uma criança foi levada da escola por policiais, juntamente com o pai que havia ganhado na justiça o direito de guarda, mas a mãe se recusava a entregá-la. Uma tia da criança filmou a cena, que foi transmitida amplamente pela TV em todo o país).

[27] Notícia publicada em *Il Fatto Quotidiano*, 12/10/2011 (N. da trad. jornal italiano).

[28] Jacques Lacan, *L'envers de la psychanalyse*, cit., p. 129 [trad. da autora]. Vale dizer que a mãe jacaré, na natureza, parece mais benévola: não come os filhotes, mas muda-os de lugar e seu lacrimejar aumenta por causa deste esforço. Mas nos equívocos existe sempre alguma coisa de verdadeiro: a mãe, ao acudir, engole. E o crocodilo é arcaico como a Mãe.

[29] Revista bimestral distribuída em bancas de jornal, editada por Publimax, Brescia. *Cocco di mamma* ("Queridinho da mamãe") foi também um programa de TV da RAI I, que foi ao ar em 1998 conduzido por Carlo Conti, no qual alguns rapazes disputavam entre si o título de Queridinho da mamãe, ou seja, o namorado ideal, escolhido não pelas mocinhas, mas pelas mães delas!

[30] "O inconsciente é estruturado como linguagem [...]. O inconsciente não é a pulsação obscura da pretensão instintiva, nem o coração do Ser, mas apenas o habitat da linguagem [...] Este banho de linguagem determina o homem ainda antes de nascer": Jacques Lacan, Petit discours à l'ORTF (1966), in Autres Ecrits, cit., p. 223 [trad. da autora].

MÃES CONTRA MÃES: A VIOLÊNCIA NO GÊNERO

[1]   Este trecho sobre a violência no gênero foi publicado também em Pedagogika, ano XVII, n. 2 (Relação entre os gêneros e violência), 2013, p. 23.

[2]   Escreve Freud a Maria Bonaparte: "O grande problema que nunca foi resolvido e que ainda não consegui resolver, mesmo com meus trinta anos de pesquisa sobre a alma feminina, é: O que quer uma mulher? [*Was will das Weib?*]. Carta sem data citada por Ernest Jones, op. cit., vol. 2, p. 503.

[3]   Sigmund Freud, "Sobre a feminilidade" (1932), in *Introdução à psicanálise*, in OSF, 2003, vol. II, p. 220 (N. da trad. Editado no Brasil por Imago, Edição Standard das obras completas de Sigmund Freud, vol. II).

[4]   Sobre o desenvolvimento da feminilidade, Freud escreve que "na realidade uma descrição universalmente válida é quase impossível": Sigmund Freud, *Sexualidade feminina* (1931), in OSF, 20003, vol. II, p. 71 (N. da trad. Editado no Brasil por Imago, Edição Standard das obras completas de Sigmund Freud, vol. II). Questão retomada por Lacan, que a reformula dizendo que o feminino não tem universal. Não se pode escrever "A mulher" porque cada uma é singular. Cfr. Jacques Lacan, *Mais ainda*, cit., pp. 72-73.

FAMÍLIAS VIOLENTAS

[1]   Susanna Vezzadini, "Violência doméstica. Dinâmicas autor-vítima", in Vitimologia. Dinâmicas relacionais entre vitimização e mediação, organizado por R. Bisi,

Franco Angeli, Milao 2004, pp. 90-91 e p. 87. (N. da trad. Não editado no Brasil).

[2] Idem, p. 71. Além da lei citada, faz-se referência aos artigos 29-32 da Constituição Italiana sobre os direitos e deveres dos cidadãos, nos quais se afirma a igualdade moral e jurídica das partes dentro do casamento, artigos que – não por acaso – conferem um papel significativo a ambos os genitores no que se refere à educação dos filhos.

[3] Marcel Czermak et al, *As minhas tardes com Lacan*, organizado por C. Fanelli, J. Jerkov, D. Sainte Fare Garnot, Editori Riuniti, Roma 2012, p. 336. (N. da trad. Não editado no Brasil).

[4] Susanna Vizzadini, art. Cit., p. 95: "Até hoje não são muitos os estudos sobre o tema e para outras informações a propósito é necessário interrogar os dados relativos a pesquisas sobre assuntos diferentes".

[5] "É disso mesmo que se morre, em nenhum caso dois corpos podem tornar-se Um, por mais que se apertem...": Jacques Lacan, "A terceira" (1974), in *A psicanálise*, n. 12, 1992, p. 36.

[6] Marie-Charlotte Cadeau, palestra na Associação La Convivia de Roma, 24 de março de 2013.

[7] Há uma "diferença entre a vitimização primária, aquela do objeto vítima do evento traumático ou criminoso, e a vitimização secundária, cuja origem é na relação do sujeito com sua própria experiência, com [...] a dimensão em que o sujeito deve responder diante da própria posição de objeto [...]. Desvitimizar a vítima é assim o primeiro modo para devolver ao sujeito da experiência traumática a dignidade de ser falante, que

ele poderia perder no jogo social das identificações". In Miquel Bassols, "Vitimologia", artigo publicado em 4 de junho de 2015 no site www.marcofocchi.com Miquel Bassols é presidente da AMP, Associação Mundial de Psicanálise.

[8]   A questão da responsabilidade do sujeito em relação ao próprio desejo inconsciente é o centro da ética de Lacan: "A única coisa de que podemos ser culpados, na perspectiva analítica, é de ter cedido do próprio desejo", in Jacques Lacan, *A ética da psicanálise*, cit., pp. 404-405. Neste seminário, Lacan se confronta com Kant: o sujeito kantiano é culpado diante da lei, o sujeito do inconsciente o é diante do seu desejo. Longe de ser um escorregão hedonista com relação à moral kantiana, a ética do desejo de Lacan é ainda mais rigorosa porque não dá nenhuma possibilidade de fuga diante das responsabilidades que um sujeito tem em relação a si mesmo, não supõe nenhum impedimento externo em relação às próprias ações para justificá-lo. A ética do desejo tem um peso específico mais grave que qualquer outra moral, inclusive a ética aristotélica do bem.

[9]   Idem, p. 407.

O TRABALHO DO PAI

[1]   A palavra "sexo" vem do latim secare: separar, distinguir.

[2]   "Creio que na nossa época o traço, a cicatriz da evaporação do pai é o que poderíamos colocar sob a insígnia e o título geral de Segregação. [...] penso que o que caracteriza a nossa era – e não podemos ignorar – é

uma segregação ramificada, reforçada, que produz interseções em todos os níveis e que não faz outra coisa senão multiplicar as barreiras". Interessante notar a sagacidade de Lacan que pronunciou este discurso em 1968, por ocasião do Congresso da Escola Freudiana de Paris (realizado em Estrasburgo de 11 a 13 de outubro de 1968), publicado posteriormente em Lettres de l'Ecole freudienne, n. 7, março de 1970, p. 84; traduzido in Jacques Lacan, "Nota sobre o pai e o universalismo" (1968), in *La psicoanalisi*, n. 33, 2003, p. 9 (N. da trad. revista italiana).

[3] Cfr. Laura Pigozzi, *A voz nua*, cit.

[4] Sobre o ato corajoso do Papa Bento XVI, ver Giorgio Agamben, *O mistério do mal. Bento XVI e o fim dos tempos*, Laterza, Bari 2013 (Kindle Edition). (N. da trad. O Mistério do Mal, Ed. UFSC e Boitempo, 2014.): "a coragem – este me parece o sentido último da mensagem de Bento XVI – não é nada mais que a capacidade de manter-se em relação com o próprio fim". Sobre este tema, ver também: Giancarlo Ricci, *O ato, a história. Bento XVI, Papa Francisco e o fim do Século XX*, Edizioni San Paolo, Milão 2013. (N. da trad. Não editado no Brasil).

[5] Ver Giuseppe De Rita, *Corriere dela Sera*, 23/07/2013

[6] *Nomos Basileus*. A lei soberana, organizado pelo Centro de Estudos "A Permanência do Clássico", Departamento de Filologia Clássica Medieval da Universidade de Bolonha, Bolonha 2005, p. 121.

[7] O imperador de Kafka, no leito de morte, pede ao mensageiro para levar sua última mensagem ao último súdito, e faz questão de que o mensageiro a repita

ao seu ouvido. Mas o emissário não conseguirá superar a multidão e encontrar o súdito.

[8] No romance de Svevo, de 1923, uma noite o pai doente diz ao filho que deve lhe dizer uma coisa importante, mas acaba deixando a conversa para o dia seguinte. Durante a noite, porém, um edema cerebral o priva de consciência: desse modo, o pai deixa o filho sem herança simbólica. Não só isso, mas, para aumentar o drama, intervém outro fato desconcertante: depois de uma manobra do filho que – sob disposição do médico – segura o genitor na cama para impedi-lo de levantar-se, o pai, de repente, lhe dá um tapa e logo a seguir morre.

[9] Julia Kristeva, *Sol negro. Depressão e melancolia* (1987), trad. it. de A. Serra, Donzelli, Roma 2013 (N. da trad. Editado no Brasil pela Rocco, Rio de Janeiro).

[10] Jacques Lacan, "Télévision", cit., p. 545.

CONCLUINDO

[1] Frase infeliz pronunciada por Camus em Estocolmo quando recebeu o Prêmio Nobel de Literatura em 1957.

[2] "Quem ama sua mãe e seu pai mais que a mim não é digno de mim" (Mateus, 10,37).

[3] "Depois de três dias o encontraram no templo, sentado no meio dos mestres, enquanto os escutava e os interrogava. E todos os que o ouviam eram plenos de estupor pela sua inteligência e pelas suas respostas. Ao vê-lo, ficaram impressionados e sua mãe lhe disse: 'Filho, por que fizeste isto conosco? Teu pai e eu, angustiados,

te procurávamos'. E ele lhes respondeu: 'Por que me procurastes? Não sabíeis que eu devo me ocupar das coisas de meu Pai?' Mas eles não compreenderam o que lhes tinha sido dito" (Lucas 2, 43-50).

[4] Ambas as entrevistas foram transmitidas pela Rádio 3: a de Fritz Lang foi ao ar no dia 10 de outubro de 2014; a de Dario Argento, no dia 22 de outubro de 2014.

BIBLIOGRAFIA EM PORTUGUÊS

ANZIEU, Didier. *O Eu-pele* (1985). Trad. Zakie Yazigi Rizkallah/ Rosaly Mahfuz. São Paulo: Casa do Psicólogo, 1989.

ARENDT, Hannah. *A condição humana* (1958). Trad. Roberto Raposo. São Paulo: Forense Universitária, 2010, pp. 8-25.

DEBORD, Guy. *A sociedade do espetáculo* (1967). Trad. port. Lisboa: Antígona, 2012.

DELEUZE, Gilles e GUATTARI, Félix. *O anti-Édipo: Capitalismo e esquizofrenia* (1972). Trad. Luiz E. L. Orlandi. São Paulo: Editora 34, 2011.

DOLTO, Françoise. *Sexualidade feminina* (1982). Trad. port. São Paulo: Martins Fontes, 1996.

_____ *O evangelho à luz da Psicanálise* (1977). Trad. port. Rio de Janeiro: Imago, 1981.

EVANS, Richard J. *A chegada do Terceiro Reich* (2003). Trad. Lúcia Brito e Solange Pinheiro. Rio de Janeiro: Planeta, 2012.

FREUD, Sigmund. *Sobre a feminilidade* (1932), in Introdução à Psicanálise, in Edição Standard das Obras Completas de Sigmund Freud. São Paulo: Imago, vol. II.

_____ *Fobias Infantis, O pequeno Hans* (1908), in ESOCSF, vol. 5.
_____ *Inibição, sintoma e angústia* (1925), in ESOCSF, vol. 10
_____ *Introdução ao narcisismo* (1914), in ESOCSF vol. 7.
_____ *Luto e melancolia* (1917), in Introdução à Psicanálise, in ESOCSF, vol. 8.
_____ *A correspondência completa de Sigmund Freud para Wilhelm Fliess* (1892), in ESOCSF vol. 2.
_____ "O inquietante" (1919). *História de uma neurose infantil (O homem dos lobos): Além do princípio do prazer e outros textos*. São Paulo: Companhia das Letras, 2010.
_____ *Além do princípio do prazer* (1920), in ESOCSF, vol. 9.
_____ *Projeto de uma psicologia* (1895), in ESOCSF vol. 2.
_____ "As pulsões e seu destino" (1915), in *Metapsicologia*, in ESOCSF, vol. 8.
_____ *Uma lembrança de infância de Leonardo da Vinci* (1910), in ESOCSF, vol. 6.
_____ *O romance familiar dos neuróticos* (1908), in ESOCSF, vol 5.
_____ *Sexualidade feminina* (1931), in ESOCSF vol. 11.
_____ *Totem e tabu* (1912-1914), in ESOCSF, vol. 7.
_____ *A dissolução do complexo de Édipo* (1924), in ESOCSF, vol. 10.
_____ "As transformações da puberdade" (1905), *Três ensaios sobre a Teoria da Sexualidade* (1905), in ESOCSF, vol. 4.
_____ *O homem dos lobos* (1914), in ESOCSF, vol. 7.
HOFFMANN, Ernst Theodor Amadeus. *O homem da areia* (1815). Trad. Ary Quintella. Coleção Novelas Imortais. Rio de Janeiro: Rocco, 1987.

JELINEK, Elfriede. *A pianista* (1983).Trad. Luis S. Krausz. São Paulo: Tordesilhas, 2011.

JONES, Ernest. *Vida e obra de Freud* (1953-1957). Trad. port. São Paulo: Zahar, 1975.

JUNG, Carl Gustav. *A interpretação psicológica do Kundalini-yoga* (1932). http://www.ajb.org.br/monografias.php?monografia=39 Monografia de Marua Roseni Pacce, no site da Associação Junguiana do Brasil.

KAFKA, Franz. *A metamorfose* (1915). Trad. Modesto Carone. São Paulo: Companhia das Letras, 2010.

———— "Uma mensagem do imperador" (1918) in *Um médico rural*. Trad. Modesto Carone. São Paulo: Companhia das Letras, 1999.

KANT, Immanuel. *Crítica da faculdade do juízo* (1790). Trad. port. São Paulo: Forense Universitária, 2005.

———— *Observações sobre o sentimento do belo e do sublime* (1764). Trad. port. Lisboa: Edições 70, 2015.

LACAN, Jacques. "O inquietante" (1972) in *Outros escritos*. Trad. Vera Lucia Avellar Ribeiro. São Paulo: Zahar, 2010.

———— "Pequeno discurso aos psiquiatras" (1967), in *Outros Escritos*. cit.

———— "Subversão do sujeito e dialética do desejo no inconsciente freudiano" (1974) in *Escritos*. São Paulo: Zahar, 1999.

———— "Televisão" (1973), in *Outros Escritos*, cit.

———— *O Seminário 1: Os escritos técnicos de Freud* (1953-1954). São Paulo: Zahar, 1998.

———— *O Seminário 4: A relação de objeto* (1956-1957). São Paulo: Zahar, 1998.

———— *O Seminário 5: As formações do Inconsciente* (1957-1958). São Paulo: Zahar, 2002.

_____ *O Seminário 7: A ética da Psicanálise* (1959-1960). São Paulo: Zahar, 2008.

_____ *O Seminário 8: A transferência* (1960-1961). São Paulo: Zahar, 2009.

_____ *O Seminário 10: A angústia* (1962-1963). São Paulo: Zahar, 2009.

_____ *O Seminário 11: Os quatro conceitos fundamentais da Psicanálise* (1964). São Paulo: Zahar, 2010.

_____ *O Seminário 16: De um Outro ao outro* (1968-1969). São Paulo: Zahar, 2010.

_____ *O Seminário 17. O avesso da Psicanálise* (1969-1970). São Paulo: Zahar, 2010.

_____ *O Seminário 20. Mais, ainda* (1972-1973). São Paulo: Zahar, 2010.

_____ *O Seminário 22.* R.S.I. (1974-1975). São Paulo: Zahar, 2010.

_____ *O Seminário 23. O Sinthoma* (1975-1976). São Paulo: Zahar, 2010.

LAPLANCHE, Jean e PONTALIS, Jean-Baptiste. "Fantasma originário, fantasmas das origens, origens do fantasma" (1964) in *Vocabulário da Psicanálise*. Rio de Janeiro: Martins Fontes, 2001.

LESSING, Doris. *As avós*. Trad. Beth Vieira. São Paulo: Companhia das Letras, 2015.

LEVI-STRAUSS, Claude. *As estruturas elementares do parentesco* (1949). Trad. Mariano Ferreira. Curitiba: Editora Vozes, 1976.

MANN, Thomas. "A posição de Freud na história do espírito moderno" (1929) in *Pensadores modernos*. Schopenhauer, Nietzsche, Wagner e Freud. São Paulo: Zahar, 2015.

MARX, Karl. *O Capital. Crítica da Economia Política.* Livro I. Trad. Reginaldo Sant'Anna. São Paulo: Civilização Brasileira, 2002.

MILLER, Jacques-Alain. *Os seis paradigmas do gozo.* Revista Opção Lacaniana on-line disponível em http://opcaolacaniana.com.br/pdf/numero_7/Os_seis_paradigmas_do_gozo.pdf.

OVÍDIO. *As metamorfoses.* Trad. Domingos Lucas Dias. São Paulo: Hedra, 2001.

WINNICOTT, Donald. *A família e o desenvolvimento individual.* Trad. Marcelo B. Cipolla. São Paulo: Martins Fontes, 2011.

Fontes AMALIA, CINDIE MONO